ネガティブな感情を避けていたら、
あなたは目を醒ますスタンスに立っていません。
それをこそ手放すから目醒めていくのですから、
むしろ喜びで迎え入れ、軽やかに手放していきましょう！

なみきよしかず

僕たちは毎瞬独立して存在している。
だから次の瞬間、真っさらで、どんな現実も
選択する自由がある。であれば、常に毎瞬
最高の未来を選び続けよう！

なみきよしかず

いつの間にか、現実を変えるための統合
になっていませんか？　統合は本来の意識
を憶い出し、その高い意識で肉体を持ったまま
存在することです。　あなたが変われば
どうせ現実は変化するのです！

なみきよしかず

「今」しかない！「今」「今」「今」
明日になったら「今」になる。だから「今」
行動しよう。何故なら明日なんて
永久にやって来ないから。

なみきよしかず

1冊まるごと 並木良和
「内なる神」に目醒めて生きる方法

別冊発刊によせて

月刊『アネモネ』編集長 **中田真理亜**

人類が次のステージに上がることを見届けるべく、ＤＮＡに仕掛けた目醒めのタイマーを鳴らしに地球にやって来たシリウスの使者。

目醒めと統合のリーダーとしてスピリチュアル界を席巻している並木良和さんのことを知ったのは、私が十数年ぶりにアネモネ編集部に帰還してから、数ヵ月経ったときのことでした。その前から、並木さんの書籍を弊社ビオ・マガジンで出版することが決まっていたので、どの雑誌の編集長も考えるように、「出版連動記事」を企画したのが、彼との出会いの始まりです。

並木さんの書籍がどんな内容なのか、担当者に聞くと「目醒めについてです」とのこと。では、スピリチュアルの入門編のようなお話なのか。であれば、無難にまとめればいい……いま思えば大変失礼な、そんなライトな気持ちで取材のアポ取りをし、千葉にある彼のサロンでお目に掛かった当日。

クリスタルのような輝きを秘めた中性的な美貌と、垣根なく光のシャワーのように迸る圧倒的な愛、そして、これから私たちにどんなことが起こるのかというアセンションの壮大なお話に、私の魂は雷に打たれたように大スパーク。彼のいう目醒めとは、単なるスピリチュアルな目覚めのことではなく、悟りへとつながる「意識の反転」のことだったのです。

「大変な人に出会ってしまった……」という思いとともに編集部に戻った私は、在り方を根底から覆す爆弾のようなこの内容は、到底一度では伝えきれないと思い、３回の連載にすることに。すると、私が「星の家族の皆さま」とお呼びしているアネモネ読者は見事についてきてくれて、アネモネで並木ムーブメントが巻き起こったのです。

天使由来の魂ならではの慈愛

３回の連載のあとも、『２０１９年予測と預言』特集で取材させていただき、並木熱はさらに過熱。その年３月に開催したアネモネ初の並木さんのワークショップでは、千人を超える方々が東京ドームのホールに集まりました。

台本はなく、いつも「つながって」話すという並木さんは、千人を前にしてもふだんと何ら変わることなく、「統合を極めたらこうなるのか」というお手本です。飾らず、気取らず、上下を作らず、天真爛漫で自然体そのものの並木さんの姿は、まさに天使がその場に舞い降りたかのよう。カリスマ性を排除しようとされているご本人の意志とは無関係に、天使由来の魂ゆえのレムリア的な深い慈愛と、高次の内容をよどみなくわかりやすく軽やかにお話しされる饒舌さは、万人を惹き付けてやみません。

そして、当日その会場に降ろされるマスターや高次存在のエネルギーは、来場者の魂の光度を一気に高め、その場はＵＦＯの船内のように次元が高まります。その空間の中で、えもいわ

れぬ高揚感につつまれながら行う統合ワークは、私たちの集合意識を大きく変えることにつながるのです。

　そして、一人ひとりが目醒めていくこと――内側にこそ真実があり、現実はそれを映すスクリーンに過ぎないという真理への目醒めとともに、私たちが世界への認識を新たにすることが、地球をよくすることの最早道なのだと、理屈抜きに実感できるのです。

「地球人は神である」というコード

　ユーチューブ動画の再生回数やご著書の刷り部数の多さは、並木ムーブメントを端的に物語っていますが、なぜ彼はこんなにも多くの人たちを魅了し続けているのでしょうか。

　この宇宙、天の川銀河における並木さんの活動拠点となっているのは、シリウスB星。そこから初めて地球に降り立った場所は、1億3000万年以上前のアフリカのナミビアだそうです。当時は、地球は生命の実験場で（いまもある意味、実験途中ではありますが）、さまざまな星からやって来た宇宙種族たちが、地球で新たな種族を創造していたとのこと。

　イニシアチブをとっていた種族は、地球人類の上に君臨し、教育や宗教を通じてヒエラルキーシステムを作ろうとしたようですが、その生命実験にあとから参入したシリウス系種族は、彼らとの衝突を避けながらも、新たに生まれる地球人をこよなく愛し、人類のＤＮＡにコードを書き込み、タイマーを仕掛けたのです。

　それは、「地球人は神である」というもの。そしてそのコードが発動するタイミングが、いまのアクエリアス時代、こと風の時代なのです。

　並木さんは、目醒ましタイマーを仕掛けた側であると同時に、そのタイマーが予定時刻にちゃんと鳴っているかどうか、もし鳴っていなかったらそれを鳴らすためにやって来てくださった、シリウスの使者。人類が次のステージに上がることを見届けるために、今回、地球人として最後の生をまっとうしていらっしゃるのが並木さんなのです。

封印を解除する周波数を一冊に

　いままでアネモネで取材させていただいたのは、全部で15回。アカシックレコードそのものといってもよいほど何でも答えていただける並木さんという素材から、できるだけ多くの高い叡智と、まだこの地上に降ろされていない情報を引き出させていただくべく、毎回角度を変えて、頭から煙が出るほど事前に質問を考え抜くのですが、お忙しい並木さんのスケジュールと楽し過ぎる雑談によって（雑談や脱線話が記事になることも多々）、いつも時間は押せ押せ。すべてを聞ききれないまま終わることも少なくありません。

　それでもあり余るほどの密度の濃さで、初めて聞く衝撃的な内容であるにもかかわらず、魂は深く首肯。いつも後ろ髪を引かれながらサロンを辞し、そのあと一日中ハッピーが続きます。そんな夢のような贅沢な日々を回想しつつ、〝叡智よ地球に永遠《とわ》なれ〟という想いのもと、主だった取材記事をこの一冊にまとめました。

　風の時代になる少し前からの記事ですが、いまでも十分に活用できるどころか、むしろこれからの生き方の指針になること間違いありません。また今回、この別冊だけの企画として、並木さんが訪れた世界の聖地旅の秘話とともに、知られざる並木さんの過去世も明かされることになったのは、並木ファンの方の魂を躍り上がらせることでしょう。

　洗練された並木さんのお言葉一つひとつには、封印を解除する周波数があります。その中に含まれる覚醒のコードを受け取られ、ご自身の魂の記憶を呼び覚まし、神の遺伝子をオンにしていただけましたら、これ以上の悦びはありません。

並木良和さん
Yoshikazu Namiki

Profile

スピリチュアル・カウンセラー&作家。

幼少期よりサイキック能力を自覚し、高校入学と同時に霊能力者に師事。2006年より神界と天使界の導きによりスピリチュアル・カウンセラーとして活動を始める。宇宙の叡智やスピリットガイドたちと協働しながら「本来の自分」に一致して生きるための「統合」を伝え、本来の人間が持っている能力や生き方、そして目醒めた状態で人生を謳歌する「在り方」を、自らの体験を通して国内外を問わず世界に教示している。

現在は、人種、宗教、男女の垣根を越えて、高次の叡智につながり、宇宙の真理や本質である「愛と調和」を世界中に広めるニューリーダーとして、ワークショップ、個人セッション、講演会の開催などを行い、分野の枠を越えて活躍の幅を拡大している。

著書に『目醒めへのパスポート』『目醒めのレッスン29』『目醒めへのファイナルメッセージ』(ビオ・マガジン)、『だいじょうぶちゃんと乗り越えていける』(きずな出版)、『アフター・コロナの未来ビジョン』(矢作直樹共著／青林堂)など多数。

並木良和　オフィシャルサイト
https://namikinfinity.com/
YouTubeチャンネル『Namiki Channel』
公式オンラインサロン
https://lounge.dmm.com/detail/2785/

第1章

現実はイリュージョン

いまどんな周波数を使っているのかを
とらえるために、現実を使うのです

アセンション緊急会見　全宇宙が注目している!

地球の周波数を手放し、高次元へ向かう人類

～自分の意識こそ現実、外の世界はイリュージョン～

今回のアセンションプログラムは、
宇宙の存在と地球人類の関係性をまじえながら、
私たち一人ひとりの目醒めが未来をどう変えていくのかについて、並木良和さんに伺います。
「自分が自分として100%存在しているのに、誰も自分をも侵さないという在り方」が
本当の調和であり、それは、私たちが地球の周波数を手放していくからこそ、できること。
自分の中に意識を向けると、いま、私たちが現実だと思っている外側の世界が
イリュージョンに過ぎないことがわかると並木さんはおっしゃいます。
では、このしくみを知ることで、私たちはどのような変化を遂げるのでしょうか。
アセンション進行中の地球から、私たち一人ひとりの意識にまで壮大なズーム・インを試みて、
未来の在り方と情景について、お話を伺いました。

スクリーン上の現実は波でできたイリュージョン

並木さん（以下、敬称略）　どれほど多くの人か関わっていようと、一人ひとりが自分だけに集中していればいいんです。周りはイリュージョンだから、これを変えようとしてもできないです。映画館で、主人公が敵に倒されそうになっているときに、観ているあなたが「えいっ!」って加勢しても何も変わらないでしょう?

僕たちはみんな、それぞれ360度のフルスクリーンを持っています。自分を映写機ととらえたときに、バイブレーションがカシャッと入り、それで投影しているんです。高性能のバーチャルリアリティだから、ただの波、特定の波動の集まりを脳が変換しているだけなんです。

現実はイリュージョンだということがわかり、自分が作っているんだ、作ることができるんだとわかったら、平和になります。外からの脅威がないですから。あと2年弱の間に反転する意識が出てきます。しかも、それは難行苦行を通した意識ではありません。

「現実」は、360度のフルスクリーンに映し出されたイリュージョン。
投影しているのは、映写機である自分です。

修業は要らず肉体を持ったまま覚醒できる

編集長（以下、中田）　修行はいらないと。

並木　かつてのイエスや仏陀は、地球の周波数が低かった時代に覚醒したんですね。その時代に高い波動を根づかせることは地球が大きく変わり始めるきっかけになりました。あの時代に覚醒すると、肉体を維持するのは難しかったんです。よく聖者といわれた人が、最期に「光になって消えた」と文献などで表現されているのは、そう

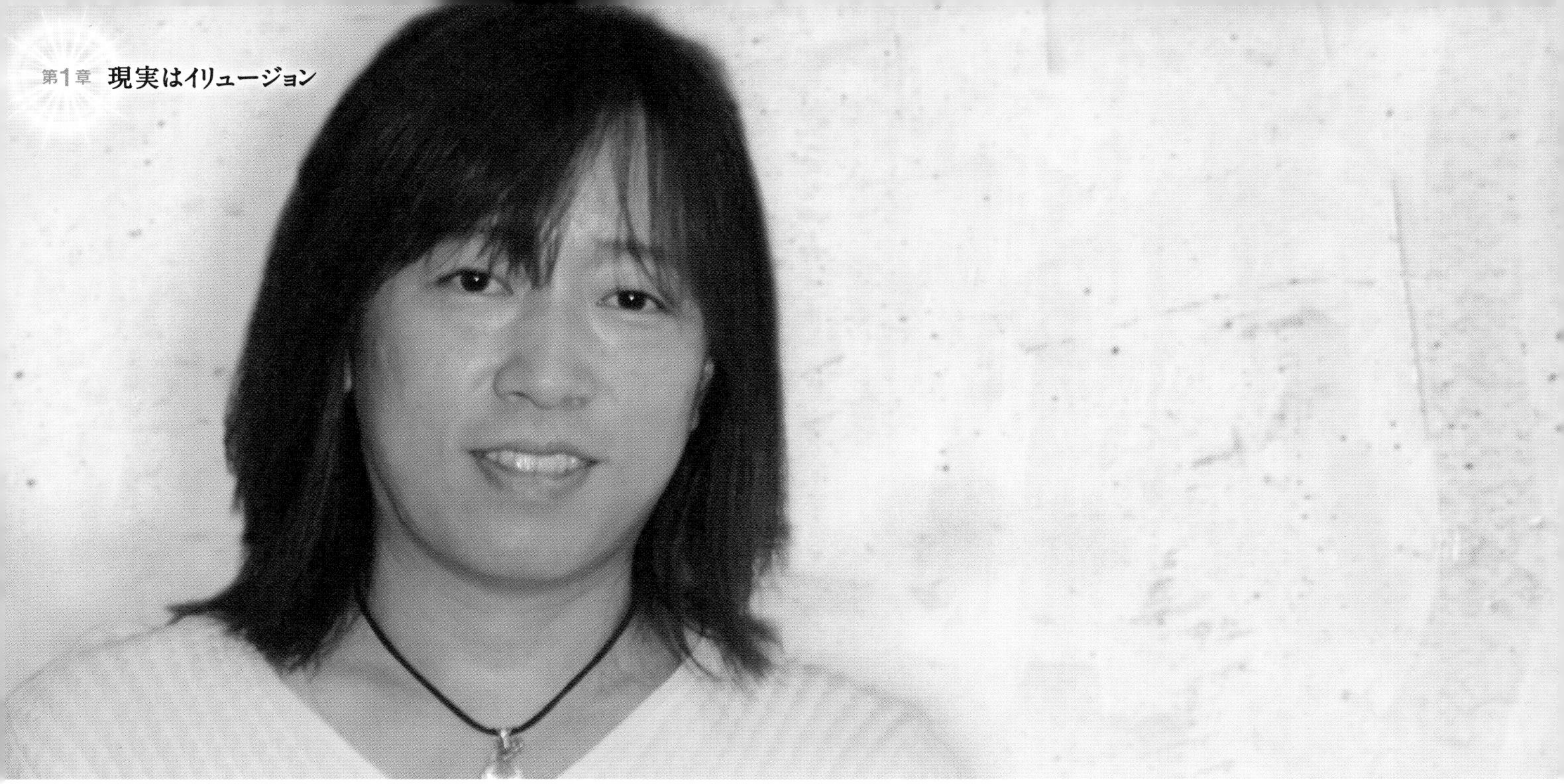

いうことなんです。

　けれどいまは、地球の波動が上がってきていますから、肉体を持ちながら高い意識へと到達できるようになったんです。

中田　本当にいまは、目醒めるには絶好のタイミングなんですね。

並木　現実はただの波だとわかっていても、スクリーンを見ていると思えばいろいろと楽しくなりますよ。地球にはバラエティ豊かな食べ物だっていっぱいあるでしょう？　他の惑星では、液体みたいなものだけで終わりっていうところもありますから。

中田　バーチャルを楽しんでいる感じなんですね。

並木　そう、匂いや体感を伴うバーチャル。４ＤＸとか、体感できるタイプの映画がありますよね。僕たちの意識が目覚め始めているからそういう娯楽が出てきているんです。そういうものを通して、「じゃ、現実ってなんなの？」って考え始めるんです。

一人ひとりが目醒めれば地球のゆり動かしも小さくなる

中田　地球の波動は上がっていても環境や人々の想念は、昔よりも悪く重くなっているような気も…。

並木　結局、集大成なんです。いままで地球で使ってきた周波数を手放していくときを迎えているので、たくさんの問題が出てきているんです。重くなっているのではなく、むしろ軽くなっていっているから、それが出てくるんです。

中田　そこで手放しきれれば軽くなるんですね。

並木　いまは、地球が一人で浄化しているようなものなんです。

　だから僕たちは「大変なことが起きてるね。地震は大丈夫かな」じゃなくて、「あ、私も地球の浄化を手伝おう」という意識で、自分を浄化すればいいんです。乗っている僕たちが軽くなれば、地球も大きくゆり動かさなくて済むから。

中田　出版業界に身を置いていると、紙パルプの資源問題も常に気になっています。環境問題はどのように考えればよろしいでしょうか。

並木　地球には自浄作用がありますが、その自浄作用のサイクルを乱しているのも人間です。でも、そうした問題を作っている大もとは人々の意識ですから、環境問題をどうにかしようというよりも、やはり、一人ひとりが統合して意識を高めていくほうが、何倍も地球が喜ぶんですね。紙媒体を通じて「はっ」と気づいて、高い波動を放つ人が一人でも増えていけば、地球にとって「ギフト」として存在することになるんです。

　環境問題をはじめ、地球で山積みになっている問題は、皆、眠りから作り出されたものですから、人々が目醒めていけば、すべて解けていきます。次からは、すべてとつながった高い意識から現実を作り出すことになりますから。

自分が使っている周波数を知るために現実を使う

中田　そこには問題解決の達成感などはありますか。

並木　達成感というのは、裏を返せば、無価値感からきています。これも地球で生み出された周波数ですが、無価値観をもっていると、それを払拭するために、自分には力があるんだということを証明したくなるんです。

　けれど、無価値観を手放してしまえば、力の証明なんてまったく必要なくなります。自分を悪く言われたとしても、触れるものがないんです。恐怖や不安など、本来の自分にはない地球で作られた周波数をどんどん手放していくと、やがて外側の世界が平面的に、フラットに見えてきます。

　フラットになるのは、意識とエネルギーが全部自分に戻っている状態です。外にフォーカスすると、スクリーンに映っているものが逆にリアルになります。

中田　外にフォーカスを向けるの

が、現実を体感する…よくも悪くも自ら現実を作り出すということなんですね。

並木　**いままでは、現実は〝体験〟するために使ってきました。思いを感じたり、味わったり。でもこれからは、自分をモニタリングして、いまどんな周波数を使っているのかをとらえるために現実を使うんです。**とらえることができれば、手放して、目を醒ましていけるから。

中田　宇宙の存在は、そういう現実の使い方をしているんですか。

並木　そうですね。ふと思ったら、そこに出現している、みたいな。（彼らは）時間をかけないので、思ったことは、すぐに形になっちゃう。

逆に、一度分離の周波数を手放すと、二度とそれを体験できません。

中田　その代わりに、新しい世界が広がっていくわけですね。

並木　そうです。喜びとか調和とか愛とか、本質そのもので今度は体現するから、現実が豊かに幸せになっていくのは当たり前なんです。だから、現実をよくしようと思う必要はまったくなく、ただ外すだけでいいんですね。

これから先、目を醒ましていく人が続々と出てくると、僕の言っていることが、「そんなの当たり前のことじゃない」といわれるようになっていくでしょう。

目を醒ますと、恋愛もプロテクトもヒーリングもなくなる!?

目を醒ましていくと、恋愛においても特別感がなくなってしまいます。すべてがつながっているから、「この人が特別」という執着がなくなるんです。

いままでは嫉妬や不安という地球の周波数を使って、ドラマティックな体験ができたわけですが、地球の周波数を手放していくと、そういうことができなくなります。

特別な人を作るから、特別じゃない人を作る。そういうことをこれまで僕たちは生み出してきました。

「癒したい」と言うと、癒される人を生みます。「私は人の助けになりたいんです」と言うと、助けを必要とする人を生み出します。目が醒めてくると、皆ここから抜けていくので、もう、癒される人も助けが必要な人もいなくなります。

いまは上昇のプロセスにあるので、その段階に応じて必要だったり、役に立つケースももちろんあります。でも、いずれはいらなくなる段階がくる。プロテクションも必要なくなる時代が来ます。

コロナ禍のような事態での現実のとらえ方

Q コロナウィルスによるパンデミックが起きた2020年。このような事態を、どうとらえたらよいでしょうか？

A 進化していく流れに乗っていきましょう。

　出来事や情報にいちいち反応して騒いでしまうのは、表面で起きていることにとらわれてしまっているからです。

　一人ひとりが何を体験しても、自己責任としてすべてをとらえていく。そうしないと、変わっていくことはできません。人のせいにしたり、社会のせい、国のせい、世界のせいにした途端、僕たちはまず、自分で自分の人生をコントロールする力を預けてしまうことになります。つまり、治外法権のように、自分のテリトリーの外に追いやってしまい、自分が創造主として人生を創造する力を放棄することになるんですね。

　僕たちは長い間、「やった・やられた」という加害者・被害者を演じてきました。その二元の在り方を超えていく生き方が、いま、全人類に求められています。

　このような世界の現状において、国の対応が悪いとかではなく、いま自分にできることはなんだろう、いま自分の中で変化させられる部分はどこだろう、というところに意識をしっかり向けることが、誰にとっても大切です。

　恐怖を選ぶのか、それとも愛を選ぶのか。僕たちは自分たちで選択できるのですから。

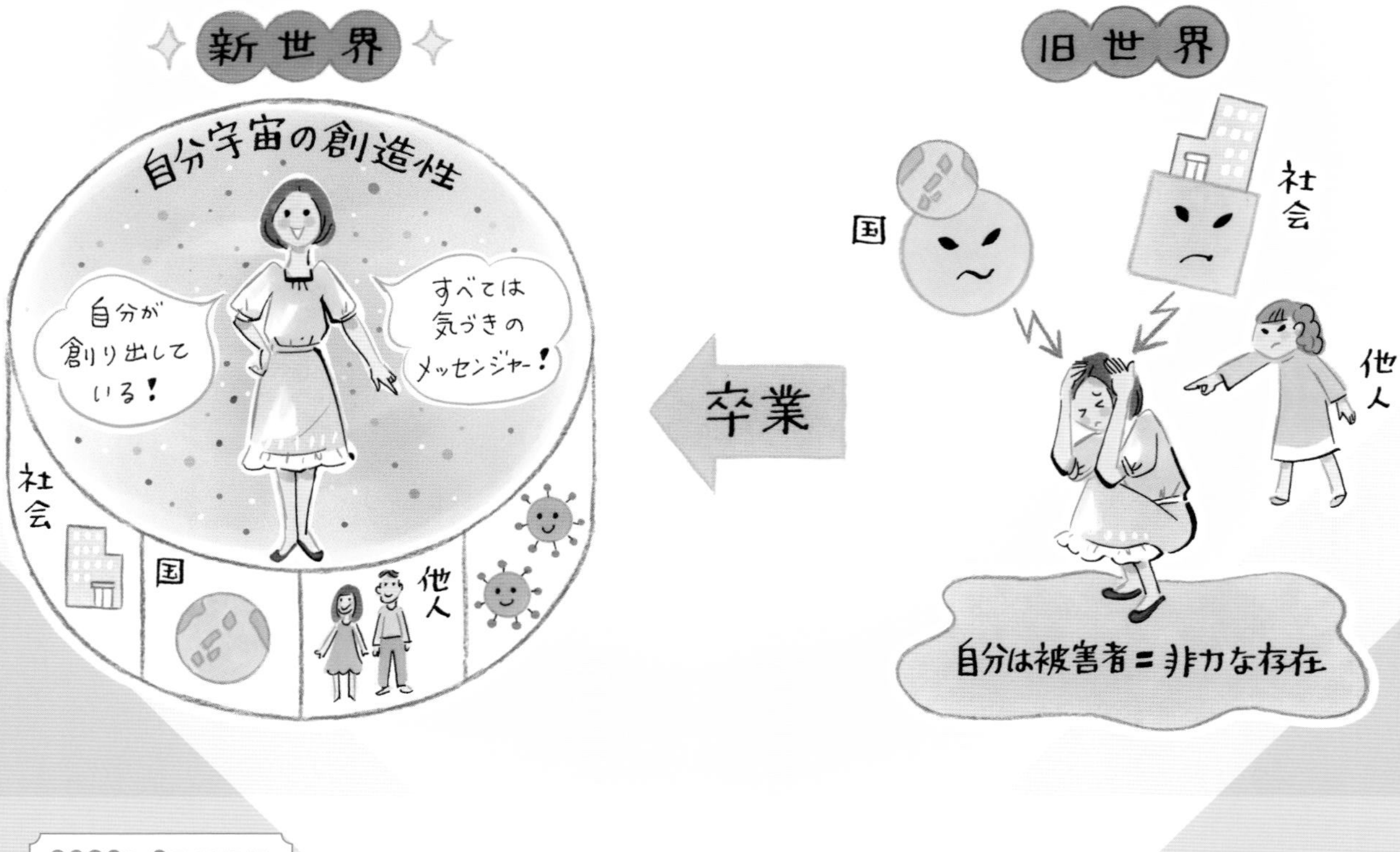

2020年6月号掲載

本当の自分自身（光）に 統合する波動上昇法

不安や恐れ、妬みなどのネガティブな感情や心地よくない感覚は、本来の自分の中にはないものです。
現実は、それを教えてくれる鏡。
それらをとらえた瞬間に、手放していくことで、目醒めへの階段をステップアップできます。

1

ネガティブな感情や
心地よくない感覚を感じたら、
深く息を吐きだします。

2

両手を胸に当て、
手のひらが磁石のようになって、
真っ黒くて重たい鉄の塊を
体の中から引き出すイメージを
しましょう。

3

両手のひらの上に、
黒くて固くて重たい塊が
乗っかっているのを見ます。
重さも感じてみましょう。

4

両手のひらを上に上げ、
その塊を宇宙（空）に向かって
解き放ちます。
すると、その塊は
細かく粉砕されてゆきました。

5

そしてこんどは、
宇宙からきらきら輝く
光の粒子が降ってきます。
その光の粒子を全身に浴び、
胸の中にも収めたら、
シフトアップ完了です。
いままでより軽やかで
爽やかな波動の高い自分に
なっているでしょう。

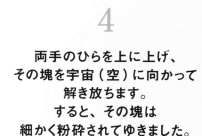

外はイリュージョンですから、
自分の中にある闇の部分を
一つひとつていねいに統合して、
自分の中をひとつにつなげていけば、
波動が上がり、
また光そのものへと戻っていくのです

MESSAGE from Master

サナンダ
Sananda

キリスト意識を司るマスター。
地上での人生ではイエス・キリストとして知られる。

親愛なる同胞たちよ、あなた方は覚えているだろうか？

この時代に生まれ出づるとき、どれほど期待に胸を膨らませていたのかを。
またどれほど不安に苛まれていたのかを。

なぜだかわかるだろうか？
それはこの時代が、あなた方の魂の歴史史上、最も重要なときとなることを知っていたからだ。
あなた方は、それほどに、いまだかつてない大きなターニングポイントを迎えていることを、
改めて意識してみてほしい。
数多の輪廻転生における準備を経て、この歴史的な大舞台に立っていることを想ったとき、
あなた方の心に去来する想いは、どのようなものだろうか？

あなた方にとって、求めてやまない「魂の覚醒」という、
一世一代の晴れ舞台である今世を想ったとき、いかに話し、いかにふるまい、いかに生きるか、が
そこはかとなくでも浮かんではこないだろうか？

それは、「最高の自分」に意識を向けることであり、その最高の自分とは、
「今世、魂の覚醒を果たそうとする、崇高な意識」そのものである。

その意識で生きるとき、あなた方の望むすべてが手に入るだろう。
いや、望まずして手に入ることになるだろう。

あなた方は、それだけ自由で雄大な意識なのだ。
その意識へと、望めば誰もが至ることのできる、
その意識を憶い出すことのできるいまというときは、何と豊かであろうか。

私は、サナンダ。
あなた方という同胞とともに、新たな世界を共同創造していく者なり。

第2章

統合と目醒め

肉体を持ったまま
目を醒ますことができるのは、
この時代ならでは、なのです

出版記念

巻頭スペシャル
anemoneインタビュー

アセンション緊急会見！ 執行猶予は2020年8月まで

地球人類から銀河人類への脱皮

～目醒《ざ》めて生きるための〝現実〟の使い方～

癒しや浄化といったスピリチュアルのテーマに
いつしか「覚醒」という要素が加わり、
目醒めて生きることの大切が謳われるようになった昨今。
「分離」の最極を経験してきた私たちは、
もといた〝ワンネス〟の世界へと「統合」する真っただ中にあります。
まさに、地球人類から銀河人類に脱皮するために、
アセンション（次元上昇）の道を急ピッチで進んでいる私たちですが、
〝目醒めて生きる〟とは、具体的にどういうことなのでしょうか。
そんな質問に明瞭な答えを出し、
ともすると混乱に陥る可能性もあるこの大変革期に
着実に覚醒へと導いてくださるのが、
シリウスから遣わされたアセンションワーカーの並木良和さんです。
アネモネでも大人気のピュアでハートフルな
並木さんが唱え続けているのは、2020年までが勝負だということ。
そしてこのたび、満を持して、
並木さんの自著『目醒めへのパスポート』が出版されます。
数年先まで予約でいっぱいという
並木さんの貴重なお時間をいただき、
覚醒や統合、アセンション、
そして、これから直接交流をもつことになる
宇宙存在のことなどについて、伺いました。

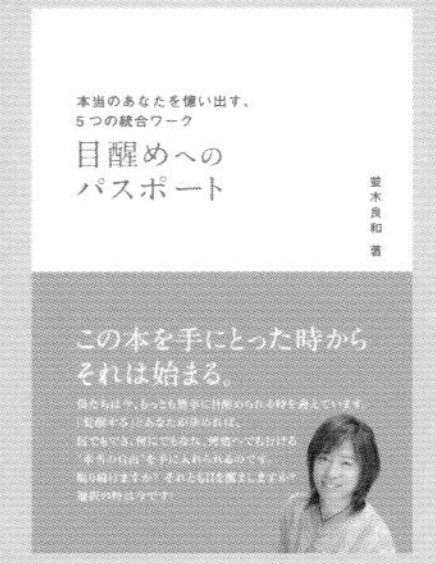

『目醒めへのパスポート』

人類が宇宙連合の仲間入りを果たすまで20年足らず、カウントダウンが始まりました。その前に、2018年、2019年、2020年の2年と4ヵ月のうちに目醒めるか否かで、愛と調和の5次元新生地球へ行くか、いまと同じ混沌とした3次元世界を続けるか、運命の岐路は大きく分かれることに。いま、私たちは何をしてどう生きるべきなのか。目醒め、統合、アセンションの最新情報と集大成がここに。愛にあふれたシリウス系美形サイキッカー、並木良和さんがチャネリングで書き下ろした渾身の作です。

2018年10月号掲載

内容によって つながる存在が異なる

編集長（以下、中田）　いよいよ出版も大詰め、9月末に発売とのことですが、テーマは「統合と目醒め」だそうですね。まさにアセンションへ向けての準備ということで。

並木さん（以下、敬称略）　はい。目醒めをサポートするのが僕の役割なんですね。他にもいろいろ教えていますけど、根幹はそこです。

中田　この本はチャネリングによるものですか。

並木　100%チャネリングです。

中田　チャネリング先はどちらでしょうか。

並木　バシャールみたいな特定な存在ではなく、インドの神さまだったり、エジプトの神さまだったり、そのときにいちばん知りたい情報をもっている存在につながります。つながるまで、どことつながるのかわかりません。

中田　光の存在であることは共通しているのですね。

並木　はい。僕はとても疑り深いので、最初は本当につながっている先の存在が正しいのかどうか、ずっと探っていました。そのうち波動を測れるようになってきて、一瞬でどこの何の存在かがわかるようになったんです。

　たとえば、同じ大天使でも、ミカエルの波動とラファエルの波動は明らかに違うんですね。逆に知らない存在もいます。こんな存在聞いたことがない、と思って後から調べると、出てきたりします。存在が自ら名乗ることもあれば、名前を持っていないような存在もいるんですよ。集合意識のような。

中田　存在は姿を見せてくださるんですか。

並木　姿を見せる場合と、意識だけでやってくる場合と2通りあります。

中田　チャネリングは突然始まるのか、それとも意識を向けたときに始まるのですか。

並木　基本的には、何か知りたいことがあって、明確な意識をもって働きかけたときです。でも、向こうが急いで知らせる必要があるときは、突然やってきたりします。トイレに入っているときやお風呂の中でもきますね。

今回のアセンションは なぜ2段階シフトなのか

中田　並木先生は、大変お忙しいと伺っています。本をお書きになる時間はおありだったのですか。

並木　隙間隙間でやりました。タクシーに乗っている間とか、セッションの合間とか。

中田　まあ！　それでも、いまこの時期に出すべきだと？

並木　そうです。この2018年、19年、20年という3年間は、日本人だけじゃなくて、地球人類にとっても非常に大事なターニングポイントなんです。

　本の中には、闇に関する情報もあります。闇の情報を聞いてネガティブなほうへ引っぱられてしまう人もいるので、いままではあまり語ってこなかったんですが、話さなければならないよ、と上（高次元存在）に促されたので。真実を知る段階にきているんですね。

中田　裏と表の両方を知ってこそ、初めて全体像が見えてくるという。この本は、まさにアセンションへの準備という意味合いが大きいのですね。

並木　そうです。アセンションは、あくまでプロセスであってゴールではないんですけど、アセンションがやってくる前に、まず覚醒が必要なんです。

　覚醒とアセンションを一緒にしている人がいますけど、それは違うんですね。一人ひとりが「目を醒ます」という覚醒があって、その後にアセンションという意識状態を達成していくんです。今回は3次元から5次元へ2段階あがります。だから大変なんですね。

中田　なぜ2段階も？

並木　前回のアセンションのタイミングは、約1万3千万年前でした。しかしこのときは、目醒めるチャンスが到来していたにもかかわらず、多くの人たちが目醒めを選択しなかったんです。本当はそのときに1段階次元上昇する予定だったんですが、できなかった。だから、アトランティス文明とレムリア文明が崩壊しているんです。今回はその分を取り戻すので、2段階なんです。

　レムリアもアトランティスも、黄金期には、DNAが12、24、36螺旋とあり、それらがすべて活性化して、宇宙と自在にコネクションできるようなサイキック能力と霊性をもっていたんですね。けれど、レムリアとアトランティスは戦争を起こし、波動がどんどん落ちてしまったんです。いままでの高いレベルを維持できなくなり、結局のところ崩壊してしまいました。

中田　当時、それを経験した魂たちも、現代に多く生まれ変わっていますか。

並木　はい、いっぱいいます。特にレムリアンたちは日本に転生している率が高いですね。アトランティアンたちはアメリカに転生してきています。

中田　日米が手を結ぶというのも、ある意味、カルマ修復のための統合？

並木　そのとおりです。面白いことに、シャスタ山は、アトランティスのアメリカの中で唯一、レムリアのエネルギーが存在している場所なんですよ。

中田　アメリカというひとつの国の中でも統合が行われているのですね。

並木　そうです。統合が進んでいけば、国境もなくなり、言葉も統一されていくことになります。

中田　先ほど闇の勢力のお話が出ましたが、彼らは「世界統一政府（NWO）」を樹立しようとしています。一見、国境のないワンネスの世界のようなことを標榜していますね？

並木　ええ、けれど、中身はまったく別物です。闇側の統一には、一部の権力者が〝牛耳る〟という支配構造が成り立つんですね。ワンネスという目醒めの世界では、支配構造はいっさい成り立ちません。仮にリーダー的な存在がいても、率いるのではなく、ファシリテートする役割なので、上も下もないんですよ。

中田　2020年に向けて、光と闇の攻防が行われているのですか。

並木　まったくその通りです。

中田　ワンネスの見地からすると、闇の勢力を意識すること自体が分離なのではないかとも思ったりします。それらとどういうふうに向き合っていけばいいのか、ポイントを教えてください。

並木　まず大事なことは、僕たちがこの現実を作っているという大前提があります。ということは、闇であれ何であれ、これらも自分たちが作り出している現実なんです。言い方を変えれば、僕たち人類の集合意識によって作り出しているものです。これは、地球の性質に起因します。

　この地球というのは分離の性質をもつので、善と悪があったり、光と闇があったり、二極に対立するものが必ず存在します。けれど、その闇の組織や勢力にどう対処していくかを考えるのではなく、「これは自分の中にあるものが具現化した姿である」と気づくこと。自分の中にだけ集中することです。

　自分の中にも闇はあります。いわゆるエゴといわれるものはひとつ闇の部分ですね。この部分を本来の自分の中に統合していくことを一人ひとりが行うと、集合意識の性質が変わり、外部に存在する組織としての闇も自然に消えていくんですね。すると、山積していると思っている地球の問題も、全部解けていくことになるんです。

中田　外の世界に意識やエネルギーを向ける必要はないのですね。

並木　ないです。外に意識を向けることで、いままで僕たちは眠ってきたんです。外の世界は、いわばフィルムで映像化した世界です。映像の世界は臨場感がないですよね。映画館でもそうでしょう、戦争映画を、ビールを飲んでポップコーンを食べながら観ていたりする。

　でも、たまにすごくのめり込むと、手に汗握りますね。その臨場感を感じたかったんです。だから、僕たちは眠ったんですね。この現実は自分が作り出してるんだ、なんてことがわかってしまったら、白けてしまうから。外の世界が自分と関係ないところで起きていると錯覚したからこそ、「わあ、すごい」と体験できたんです。

地球でしか体験できない分離や闇は魅力的だった

中田　それを体験したくて、闇をも作りだした？

並木　そうです。結局この「分離感」を体験したかったんです。僕たち本来の統合された意識は、光そのものなんですね。そこに闇はありません。そこから自らの波動を落として意識を分け始め、分離へと移行し始めると、闇ができる。本来は悪いものじゃないんですよ。でもいまは、ふり子が分離の方向にふり切れて、統合に向かおうとしています。

　そのとき、闇をなんとかしようとするのではなく、外はイリュージョンですから、自分の中にある闇の部分を一つひとつていねいに統合して、自分の中をひとつにつなげていけば、波動が上がり、また光そのものへと戻っていくんです。簡単なんです、本当は。でも、みんな問題視して、この問題はどうするの、闇の組織はどうするのって、いままでの眠りのやり方をするんですよ。

中田　陰謀論を説くジャーナリストや、平和活動を行っている方もいらっしゃいます。彼らなりの信念で、真実を知らせて世の中をよくしようとしているのだと思いますが、ベクトルを変えたほうがいいということですね。

並木　そうです。戦争反対を掲げている方々も、一見よいことをしているように見えますが、そのバイブレーションは戦いと同じなんです。つまり、戦いのバイブレーションが増幅して新たな戦いを生むことになる。解決の唯一の方法は、自分自身を統合することです。

　一人ひとり、みな正義というものをもっています。たとえばお年寄りには席を譲る、というのも正義のひとつです。けれど、この正義に照らし合わせてジャッジが始まります。いいこと悪いこと、間違ってるよ、それは正しいよという。このジャッジが世界に戦いを生むことに気づいていないんです。

　自分は正しいことをしていて、何も間違ったことなんかしていない、という意識自体に大きな落とし穴があるんです。

中田　一般的な教育や道徳観念が、統合の邪魔になっていることも？

並木　そうです。いままでみんなで同意して眠ったわけですね。この地球で眠りを体験する、分離を色濃く体験してみたい。罪悪感とはどんなものだろう、無価値感とは、嫉妬とは、絶望感とは……。光の意識は、すべてを認め受け入れるワンネスの意識なので、罪の意識なんてありません。その罪悪感や無価値感という、僕たち光の意識にはないものが地球にはあったので、体験してみたいと。

でも、高い統合された意識では、波動があまりにも違いすぎて、分離の世界に根付くことができず、降りてきてはみたものの、すぐ上がっちゃうんです。フワフワフワって。だから、どうやってこれを臨場感をもって体験することができるだろうっていうとき、そうだ自分の意識を分離させていくことなんだって思いついて、そして波動を落としてやっと根付けたんです。

最初は魅力的だったんです。「罪悪感ってすごい」「不安ってキュンとするわね」「孤独感ってなんか切ないわね」とか（笑）。それが、いつのまにかミイラ取りがミイラになって、遊びにきていたこと自体を忘れてしまったんです。自分が作り出したことをカラッと忘れて。眠ったことすら忘れてしまったんですから。「目醒めってなんですか？　目は覚ましてますけど」みたいになるわけです。

統合されると現実世界が平面状になる

中田　統合というのは、ワンネスへの統合であり、また自身をハイアーセルフ（高次自己）へ統合させていく、ということでしょうか。

並木　そうです。波動を上げることで、意識がハイアーセルフに統合されるんですね。僕たちの本体であるハイアーセルフに統合されると、現実がリアルではなくなっていくんです。

それまでは、この現実がすごくリアルで、外側の世界ありきだったわけです。成功すること、人間関係をスムーズに運ぶこと、人生がうまくいくことが主流だったわけですが、それらが平面状になり、臨場感がなくなってくるんです。

その代わりに、ハイアーセルフの意識のほうがリアルに感じられるようになるんです。目を醒ますと、在り方が逆転するんですよ。

中田　現実を創造しているのは自分で、この世はすべて自分の投影だといいますが、それがリアルになるのですね。そういう意識になった人が増えないと、本当のアセンションは起こらない？

並木　そうです。ただ、この時代だけの恩寵があります。よく、カルマを解消しなければアセンションできない、といわれたりしますが、１００％でなくてもいいんです。51％解消できていれば、アセンションは可能です。これは、これまでなかったことです。

そして、肉体を持ったまま目を醒ます、覚醒することができるのは、この時代ならではなんですよね。だから、すごいフェスティバルなんです。しかも2次元ジャンプしようとしているでしょう？　ここ（地球）はどうなっていくんだろう、と、宇宙から大注目されているんですよ。

中田　いままでのアセンションは、肉体を脱ぎ捨てた後に上昇していたのですね。

並木　そうです。だから、アセンションは死を意味したんですよね。けれど今回は、アセンションが死を意味しないんです。これが、いままでなかったことです。これを体験したくて、これだけ人口が増えているんですね。けれど、限りがあるでしょう？　だから、その片鱗だけでも触れたいと、一瞬おなかの中に宿って体感を味わって、すぐまた魂の世界に還っていくケースもあるんですね。その場合、女性はボランティアをしていることになります。なので、たとえ流産したとしても、あまり悲しみを感じないでほしいんです。私が悪かったわけではなく、何かボランティアをしたのかもしれないと考えてみてください。

現在地球はフォトンにつつまれている

中田　現在、地球はフォトンベルトを通過中ということですが、フォトンベルトとはなんなのでしょう？

並木　フォトンベルトというのは、覚醒を促すエネルギーなんですね。地球全体が、そのエネルギーにつつまれています。地球以外の惑星、木星や火星なども、定期的に通過するようになっています。

これが宇宙のシステムなのですが、レムリアとアトランティスが崩壊した1万2、3千年前も、同じくフォトンベルトを通過した時期でした。それと同じサイクル、タイミングをいま僕たちは迎えているわけです。

今回は、地球や文明が滅亡するというタイムラインはすでに抜けているので、滅亡はしません。ただ、大きく変わっていく。変動値の幅がものすごく大きくなるために、被害や災害が大きく出る可能性があります。

２０２０年までに、多くの人たちが目醒める方向に意識を向ければ、変動のふり幅が小さくなり、穏やかにスムーズに進むことができるんです。でも、目醒める人が少なければ、激変する可能性がある。痛みは少ないほうがいいですよね？

地球はすでに、アセンションすることを決めていますので、今回は絶対に成功します。できるだけ多くの

2012年には地球がアセンションしました。人類はその後を追い、いままさに渦中にあります。

人に一緒に乗っかってほしいんですよね。流れには幅があるので、2020年いっぱいという表現をしていますが、上が言ってきている正確な日時は、2020年8月です。その後、2021年冬至に向けて、急速にゲートが閉じていきます。

中田　2012年というのもひとつのターニングポイントだったのでしょうか。

並木　そうです。「アセンション、アセンションってあんなに騒いでいたのに、具体的に物理的に何も起きなかったじゃない」ってみんな言うんですよね。でもあのときは、人類に起こったのではなく、ガイアという地球の意識に起きたものなんです。簡単にいうと、光のエネルギーがどーっと訪れたんですね、この惑星に。

　そのエネルギーは、主に地球のガイアという意識に働きかけたので、そこから本格的に彼女はアセンションすると決めて波動を上げ始めたんです。ガタガタガタガタと、いままでの歪みを全部戻していくために。

　そして今度は、2018年、2019年、2020年の、特に春分、冬至などの暦上の節目に、フォトンのエネルギーが人類に対して働きかけていて、いまそれがすごい勢いで始まっています。いま、自然が動いているでしょう？　自然が大きく動かないと、人ってなかなか意識を変えないんですよ。3・11のとき多くの人が人生観を変えましたね。

中田　たとえ人工地震であっても、それによって目醒める人もたくさんいるのですね。災害で亡くなる方は、宇宙が決めているのでしょうか。

並木　宇宙ではなくて、自分自身が決めているんです。といっても、顕在意識ではなく、もっと深い潜在意識の領域、魂レベルの自分です。その中にも何通りかあって、今回はアセンションの流れに乗っていかない、と決めた魂は、肉体を脱いで、いまの地球に似た物理次元に転生していくことになります。

　あるいは、この流れに乗っていくことを決めているんだけど、今回の肉体の条件ではそぐわないので、肉体を脱いで——僕たちの肉体は、いまの段階では何らかの損傷を受けないと脱げないので、そういうきっかけを作って、新しい肉体にすぐに生まれ変わる魂もいます。

中田　生まれ変わりのサイクルが早まっているのは、そういった理由もあったのですね。

並木　はい。いずれにしても、災害などで亡くなることを選択している意識たちは、僕たちに大きな気づきを促す大奉仕をしてくれています。

アセンション後は病気も解放される

中田　現在、病気を抱えていらっしゃる方は、どうなるのでしょうか。

並木　病気は、多くの場合カルマが原因で起こり、それを解消するために体験するんです。

中田　2020年までに治す必要もないわけですね？

並木　大丈夫です。目醒めて生きるという意識の方向性を明確に決めればいいんです。覚悟ですね。病気というのはサインで、人の生き方を変えるものですよね。たとえば、バリバリ仕事をしていて自分の時間がなかったような人が、もっと自分の人生を大切にしなくてはと気づくことが、目醒めのきっかけになったりするわけです。

中田　その病気や病気の方は、アセンション後はどうなるのでしょうか。

並木　病気の方がアセンションした場合は、基本的にその病気から解放されることになります。なぜなら、波動が上がることで、病気の周波数と触れ合えなくなるからです。DNAや細胞レベルから肉体の変化が起きてきますので、がんであれその他の症状であれ、いままでの在り方で存在できなくなるのです。

個人のアセンションの次に惑星アセンションが起こる

中田　アセンションのことを知っていたほうが、目醒めが促されますか。

並木　知らなくても、愛と調和がベースになっている人は乗っていきます。スピリチュアルを学んでいる人たちは、急速にアセンションしていく組なんです。

中田　アセンションは、個人個人で行われるものなのか、それとも、いわゆる百匹目の猿現象で、一定数に達したときに集団で一気に世界が変わるのか、どちらでしょう？

並木　基本的には、個人個人で起こ

ります。そして個人個人で目醒めていく集大成として、臨界点を迎えたときに、プラネタリーアセンション──惑星レベルのアセンションが実現します。

中田　地球↓人類↓惑星全体、という順で次元上昇していくわけですね。個人でアセンションしている方は、すでにいるのですか。

並木　そうですね。います。でも、宇宙から見たら、その数はまだ足りません。

中田　では、具体的に、アセンションするためにいちばん大事なことは何でしょうか。

並木　自分に一致するということです。僕はよく「こひしたふわよ」という言い方をしてるんですけど、心地がいいこと、腑に落ちること、しっくりすること、楽しいこと、嬉しいこと、わくわくすること、喜びを感じることを選択することです。これは、単純に楽しいことをしようよ、というのではなく、ポジティブなことは光の性質そのものですから、それに意識を向けていく、ということです（P83参照）。

それはすなわち、本当の自分に向かっていくことなんです。本当の自分に意識を向けて動き始めると、いまの自分と本当の自分を隔てているバイブレーションにぶち当たっていくんですね。それが、分離の中から生みだされた罪悪感や無価値感、不安や恐れなんです。それに気がついたら、一個一個手放していくんです。

だるま落としを想像してもらうとよいでしょう。だるまさんの頭がハイアーセルフ、本当の自分と思ってください。底にあるのがいまの自分。その間に不安とか心配とか恐れというのがいっぱい詰まっていて、これをカッコンカッコンとひとつずつ外していくと、最後は、本質であるハイアーセルフ（だるまの頭）と、いまの自分（だるまの底）がぴたっとつながるでしょう？

中田　内観して、自分と向き合うしかないという。

並木　そうです。自分の中にすべての原因、すべての責任を見いだすということです。誰かに何かを言われて、すごく傷ついたとします。でも本当は、〝誰かから傷つけられる〟という構図は、絶対にないんです。なぜなら、自分が作り出していますから。

向こうから「される」というのはあり得ないのに、まるで向こうからやってくると感じることがイリュージョン、眠りなんです。そうじゃないと、臨場感を持って体験できなかったからです。

真実は、「傷ついた」という周波数をフィルムとして使っていたから、傷つけられるという現実を映像化しただけなので、その使った周波数に集中する。だるま落としの間に挟まっているものですね。これを形にして、大きさにして、重さにして、そして外してしまうんです。すると、スコンと抜けます。そうすると、本当の自分に一歩近づきます。

中田　形にすることが大事？

並木　そうです。なぜなら、バイブレーションは目に見えないですから、扱いようがないんですよ。だから、その感じているものを可視化する。「バイブレーションビルディング」というんですけど、これは大昔からある方法で、賢人たちも使っていました。

そのときに大切なのは、硬さと重さを体感することです。いま感じている不安などの感情は、長年使ってきた、上塗りしてきたバイブレーションで、何千年前から日常的に感じていたものです。

何世紀も輪廻転生をくり返しながら塗り固めてきたものなので、巨大で、ものすごい重さになっています。それを固くて重たい真っ黒い塊として見て、胸に手を当てて自分から外し、手放しちゃうんですね。

中田　そんな簡単に外れるのでしょうか。

並木　これをただの周波数として扱おうという意志さえあれば、硬さと重さになって外れていきます。嫉妬であれなんであれ、心地よくないと感じる感情、バイブレーションが出てきたら、鉄の塊にして引き出す。これを人のせいにしたり、運命のせいにしたり、とやってしまうと、手放せないどころかもっとふくらんでいくことになります。

それでまた、同じようなシチュエーションになり、なんでこんなことばかり起こるんだろう、という体験をします。「いつまでも外を非難していても変わらないわよ、ここにあるのよ」ということを知らせるために、もっとふくれあがるんですね。でもこの原理を知っていれば、簡単に手放していける。そうして、本当の自分へと近づいていくと、意識もどんどん拡大し、すごく軽やかになっていきます。

不安や恐れなどは、「分離」することで生み出された地球の周波数。それらを手放していくと、本当の自分自身（ハイアーセルフ）と一体化し、ワンネスへと「統合」していける。

2019年は、天の川銀河アセンションの分岐点！

内なる神を自覚することで、新生地球への移行と全宇宙のシフトアップが可能に

「いまこそ、目醒めのとき」と認識していても、マイペースにゆっくりと進んでいたら、今回のアセンションへの列車に乗り遅れてしまうかもしれません。地球と人類は、そんな時期に差しかかっているのです。超人気カウンセラーの並木良和さんは、私たち一人ひとりが、今年中に目醒めへの決断をする必要があることを、説いていらっしゃいます。イエスの十二使徒ヤコブだった過去世をもつ並木さんによる、魂に響くメッセージ、そして並木さんとご縁が深いイエスをはじめ、マスターたちからの2019年版チャネリングメッセージを、特別に届けてくださいました。2019年、いよいよ「アセンション行き」列車に乗車するときです！

2019年を幸せに生きるには？

- 統合の世界に行くか、分離の世界にとどまるか。年内までに決断しましょう
- 地球と共存していくためにも、自分を浄化しましょう
- 外に神を見る時代は終わり。これからは自分の内に神を見るようにしましょう

並木さんが解説！ 地球の近未来はこうなります！

2020年8月
惑星アセンションの区切り

まもなく締め切りなので、今年中にアセンションへの意志表明、目醒めることを決断しましょう。ここを過ぎたら、実質、目醒めのゲートが大きく閉まることになります。

2021〜2023年
南海トラフのリスク

地球の自浄作用でもある地震を止め

2019年2月号掲載

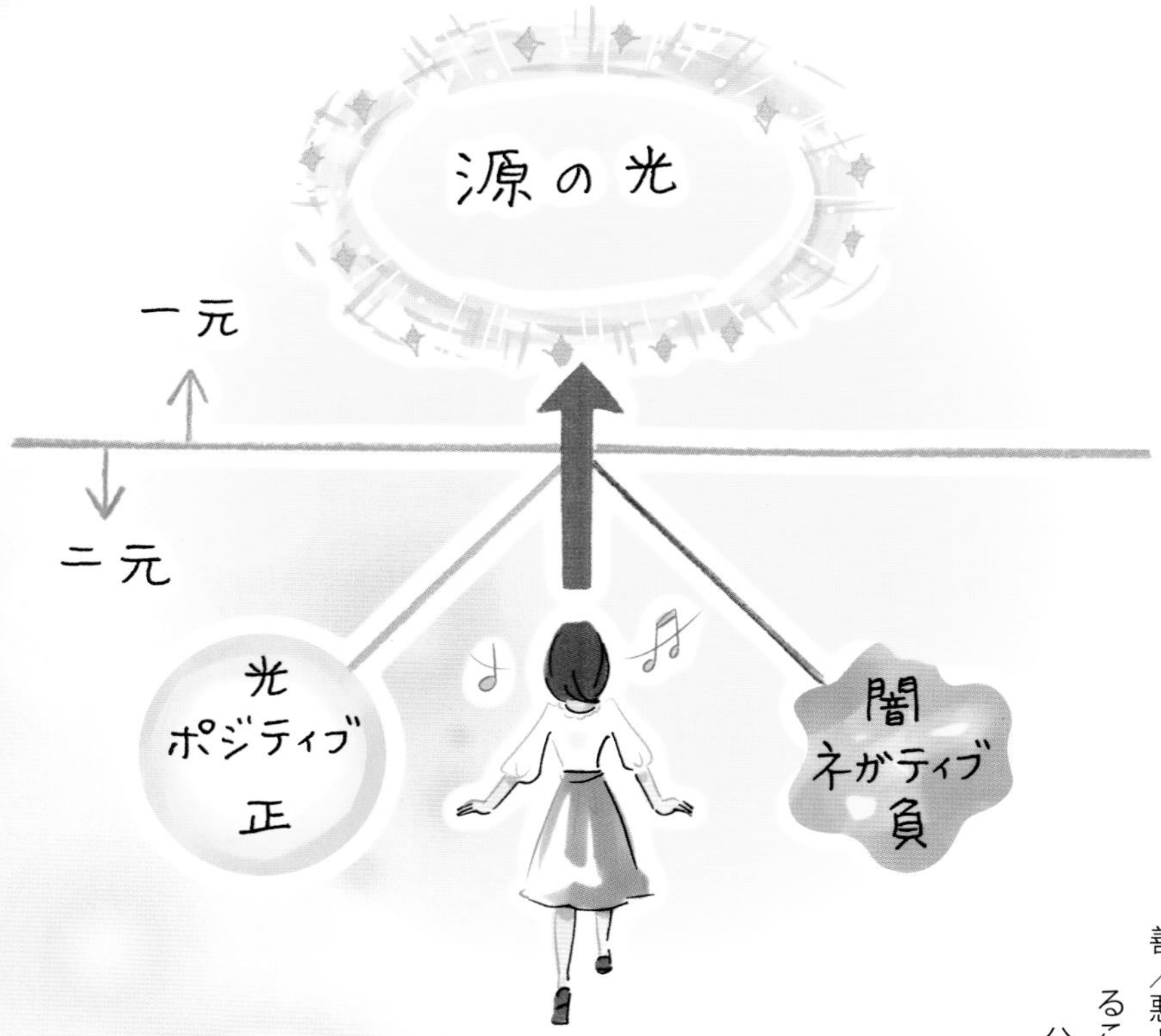

統合された世界

ポジティブな性格そのものになり、すべてが調和されスムーズに流れる。

コントラストの世界

「正負の法則」（良いことと悪いことがどちらも起こることでバランスをとる）が働き、いい流れだと思っても、落とし穴がある現実。経済にこの法則が顕著に現れているのは、社会がまだコントラストの世界にいる証拠。政治も経済も行き詰まりを迎えているいま、むりやり突破しようとするのではなく、「このシステムには先がない」と気づき、きびすを返して戻ると、真の在り方へとシステムが変わり始める。

目醒めるか、眠り続けるか。それを決める猶予はあと1年

今年の特筆すべきことは、明確に「分岐」することです。２０１５年９月に、統合の波に乗るか・乗らないかが分かれ始め、いまそして２０１９年は、猛烈に分かれるようになるでしょう。

この「統合」とは、目醒め／眠り、光／闇、ポジティブ／ネガティブ、善／悪という分離を、ひとつにすることです。この次元の地球は、もともと分離の世界ですから、もともとコントラストがあります（二元性の世界）。それを僕たちは体験するために、地球に生まれてきたわけですが、このコントラストが、今年はさらに強く極端に出るようになるのです。

２０１８年までは、光／闇、ポジティブ／ネガティブの両方を行ったり来たりしていたかもしれません。このコントラストを抜けた世界へ進むことが統合なのですが、光／闇の光を選ぶことが、統合なのではありません。

真の統合・目醒めとは、コントラストの光／闇というすべてを統合して、〝源の光〟に戻ることです。統合された源の光へと進むのか、コントラストの世界にとどまるか。いまはまだ、迷っている人がたくさんいます。でも迷っていると、今年はますます苦しくなってしまうでしょう。

苦しい現実が起こったら、本当の光を選んでいない証拠。そんなときは、選び直すようにします。迷ったら、選び直す。それをくり返せばよいのです。迷うのは、僕たち人間の〝癖〟です。皆さんが何万年もやってきた癖ですから、いちいち迷う自分を責めることなく、すぐに選び直せば良いのです。

統合された光を選ぶと、霧が晴れたみたいに軽やかになって、楽になるでしょう。その感覚こそ、目醒めの方向に一歩進んだ、ひとつのバロメーターなのですね。

どちらの道に進むのか、ぜひ今年中に明確に決めましょう。その決断は、２０２０年８月が大きな区切りです。僕はいま、迷っている人たちに向けて「目醒めますか？　眠り続けますか？」とくり返し問いかけていますが、それも２０２１年冬至まで。それ以降は、この問いかけはしません。なぜなら、選ぶ決定権がなくなるからです。だからこそ、決定権のあるいまこそ、選んでほしいのです。

ることはできませんが、私たち一人ひとりが波動や意識を上げて浄化することで、東京オリンピック開催後まで、地震発生を引き延ばすことができそう。多くの人たちが、いま何が起きているかに気づき、意識を変えることで、この流れすらも変え、規模を変化させたく、この情報を発信しました。

２０３８年頃

宇宙存在たちとのオープンコンタクト

人類の意識次第ですが２０２０年までに、地球外生命体が存在するという、明確な証拠が出てくる可能性があります。本来の計画では２０１７年でしたが、まだ人間の意識が受け入れ態勢に入っていなかったため、先延ばしになっています。情報開示された約20年後に、世界中がオープンコンタクト（多くの人が肉眼で見て、接触の機会をもつこと）できるようになるでしょう。

２０５０年頃

国境の意識が変わる

目醒めると、すべてとつながる意識になるため、国境に対する意識も変わり、いずれなくなるでしょう。言語も少なくなり、オリンピックの国対抗のような競技の在り方も変化します。どこの国であろうと、誰かの勝利は単純に喜びとなります。宗教宗派も大きく変化し、それらを超越したスピリチュアリズムに統合されていくでしょう。

目醒めるとは、どういうこと？

●善／悪、光／闇、ポジ／ネガなど、分離やジャッジをやめること。
●現実は自作自演のイリュージョンだと認識すること。
●本来の自分にはない周波数（ネガティブな感情、心地よくない感覚など）を手放すこと。

現実はイリュージョン 劇的な環境の変化はサイン

　僕たちの現実は、すべてイリュージョンです。自分が映写機となって映し出しているわけですが、このとき、現実を創っているのは１００％自分である、ということに気づいた状態でいると、テレビや映画を観るように現実をただ楽しむことができます。本当の自分（ハイアーセルフ）とつながっていることに意識を向けている、つまりセンタリングした状態であること。これが、「目醒め」の状態です。

　しかし、イリュージョンがあまりにリアルなので、つい映像にのめりこんでしまい、観ていることを忘れるくらい、手に汗握って体が動いてしまう。映し出される映像に意識が向いて、前のめりになってしまうと、センターラインからずれてしまいます。そうすると、自分の位置がわからなくなる。これこそ、「眠り」の状態なのです。

　たとえば、映し出された映像に、長年待ち望んでいた理想の彼が現れたとしましょう。「幸せだから、イリュージョンでもいいわ。もう目醒めなんてどうでもいいかな」となると、簡単にセンタリングから外れます。もちろん、幸せならその現実を体験し尽くしてもかまいません。これは、僕たちの〝性《さが》〟のようなものですから。

　ただ、いまは時期が迫っているので、イリュージョンを延々と体験している間に、目醒めへの門が閉まってしまうかもしれないのです。

　ではなぜ、目醒めを選ばずに、イリュージョンに意識を向けてのめり込む、つまり眠った状態を選んでしまう人が多いのでしょうか？　それは、これまでの一喜一憂の生き方から抜けたくないからです。恋愛やお金の問題で悩むことを、じつは楽しんでいて、しがみついているのです。

　いま現在、片足だけコントラストの世界に置いて、片手は統合の光に伸びている、という人もいます。コントラストの世界にもうちょっといたい、いつでも戻れるようにしておきたいから、と。そういう人は、いいところまでいくのに、センタリングから外れてしまいます。

　いつまでもイリュージョンにしがみついていると、ハイアーセルフが「いい加減、目を醒ましなさい」と、環境を大きく変えざるを得ない現実を起こすこともあります。たとえば、突然、仕事を解雇される。ストレスで体を壊したりと。そうなるまでに、サインは必ずきていたはず。でもそのサインを無視して、現実にしがみついたままだと、強制終了のような出来事がやってくるのです。

　もちろん、イリュージョン（現実）を手放すことへの恐れはありますよね。僕もそうでした。手放した後どうなるのかが、なかなか見えなかったから、目の前のものをつかんでいたのです。４、５年前くらいに、高次の存在からこう尋ねられました。

「あなたはすべてを手放してでも、すべてを失っても、目醒めたいですか？」

　一瞬、フリーズしました。このときも、ある段階の目醒めには至って

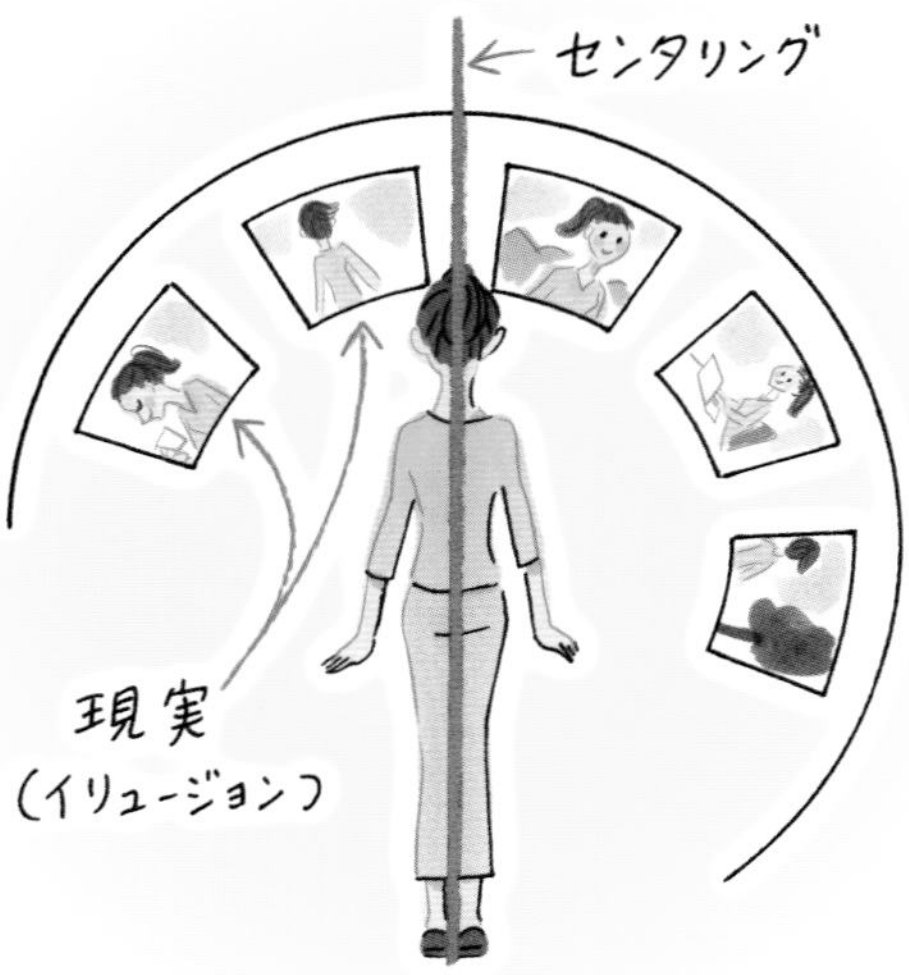

目醒めの状態

センタリング（ゼロポイント）に立っていると、イリュージョンを創り出している発信源が自分であるとわかる

眠りの状態

センタリングからずれてしまうと、イリュージョンであることを忘れてしまう

統合された
「ニュートラル」な状態

いましたが、まだ完全ではなく眠っている部分もあったのです。仕事もうまくいっていたし、友人もたくさんいて、家族も大好き。それを全部手放すなんて、嫌だ！と思いました。すると、涙が自然と出てきた。怖かったのです。ひとしきり泣いたら、「もう、いいや」と思えた。失ったとしても、目醒めの世界へ行きたいと思ったのです。

　そうしたら、手放しても何も失うものはないことに気づくことができました。彼らは、僕の覚悟をただ試しただけだったのですね。

49：51のニュートラルが一喜一憂を超えた至福の状態

　統合された光・目醒めを選ぶと、どんな現実（イリュージョン）を観ても、一喜一憂がなくなります。その代わり、いままで感じたことのないエクスタシーを日常的に感じられるようになります。外の世界から影響されることがなくなり、何が起きても、何も起こらなくても、誰がいても、ワクワクして楽しくて幸せ。何も奪われず、傷つけられることはない。そこには平和でやすらぎに満ちた、本当の豊かさがあるのです。

　そして、ワンネスとつながり、目に見えない存在たちとのつながりも視界に入ってくるようになり、孤独感はいっさいなくなります。すべてとつながるため、すべてが自分のものという意識になります。誰かを羨む意識もなくなり、誰かの成功は自分の喜びとなるのです。まさに、無敵の世界です。

　この統合された状態こそ、「ニュートラル」。ニュートラルな状態を、「50%：50%」、つまり「ポジティブとネガティブの真ん中」とイメージする方もいますが、実際のニュートラルとは、「49%のネガティブ：51%のポジティブ」の状態。１%違うのです。ポジティブが１%多い状態でネガティブと統合されているのですから、その状態はポジティブ。これは、ポジティブな状態を保とうと〝する〟ことではなく、ポジティブそのものに〝なる〟ということ。バランスをとったり、保とうとするのは、コントラストの世界です。ポジティブに〝なる〟わけですから、何が起きても起きなくても、楽しくて仕方なくなるのです。

　この生き方にシフトする人たちが多くなってきました。集合意識が変わり始めてきましたから、いまはスピリチュアルを理解する男性も増えていますね。これは、惑星が変革する時期を迎えた証拠です。

　目醒めに終わりはなく、もっともっと先があります。「もっといける」というサインとして、ネガティブな感情が湧いてくるような現実を起こすことがあります。その感情や、感覚を外しましょう。僕がもし、心地よくない現実に遭遇したら、狂喜乱舞します（笑）。だって、もっと先にいけるというサインだから。

　一見ネガティブなことが起こっても、その周波数を〝感じる〟必要はなく、〝もやっ〟とした感覚が少しあるくらい。その周波数を、「不安」や「恐れ」として感知してしまうのは、センタリングから外れたときだけです。ただの周波数ですから、出てきたらすぐに手放す、ということをくり返していくと、自分の意識がクリアになっていきます。

天変地異を最小に抑えるために14万4千人の目醒めが必要

　いまの流れのまま惑星アセンションへと進めば、約10万人が目醒めるでしょう。でも本当は、宇宙は、２０２０年までに14万4千人の目醒めた人々が欲しいのです。ですから、あと4万4千人にどうやったら影響を与えられるかを、目醒めを促すために地球へやって来た存在たちは考えています。なぜでしょうか。

　惑星アセンションとして、地球の変化が起こります。地球自体が新しく生まれ変わる必要があるのです。そのためには、僕たち人間が溜めこんできたネガティブな感情や環境破壊によって、地球に植えつけてきた重荷を、手放していかなければなりません。ですから、地球はいま、四大元素（火・水・風・土）を使い、一生懸命自ら浄化しているのです。地震や山火事、洪水などはその表れです。

　この浄化の表出が、どれだけ最小に収まるか。それは、目醒めることを決めた人の数にかかっています。もし数が少なければ、地球自身が浄化をする必要があるため、もっと激しく動くことになります。ですから、少しでも多くの目醒めた人々が必要なのです。

　地球は新しくなります。そのため、「地球と共存する」という意識をもった人しか、生き残ることができません。なぜなら、「波長の法則」、つまり同じ周波数が引き合って成り立つように、新地球の波動と違いすぎると、共存できなくなっていくからです。

　これは、排他的な選民思想や二元的な善悪のジャッジではなく、法則です。地球が蹴落としているわけではなく、その人自身が地球と共存していかない、と選択しているのです。

　地球と共存することを決めると、

地球に対して自分には何ができるか、という意識に自然となります。そこで、僕たちにできること。それは、まず自分を浄化することです。

地球に住まわせてもらっている僕たちは、重たい荷物をたくさん抱えています。そうすると、地球はさらに重くなる。自分の重荷をなくしていけば、地球は軽くなることに気づくと、自分の荷物を日々手放すことができます。

僕たちは、この地球が持っているものを引き受けることに同意して、生まれてきました。ですから、これまで人類が地球にしてきたことに対して、〝連帯責任〟があります。「私のせいじゃない」「自分がやったことではない」と、逃れることは誰もできないのです。

これまでの地球は、「火の惑星」でした。争いや摩擦ばかりでしたから。それが、いよいよ水瓶座の時代になり、「水の惑星」に変わろうとしています。

水は、神の領域です。水を解明していくと、神につながります。かつて『水は答えを知っている』と発信した、故・江本勝さんは、大事なことに切りこんでいたのです。江本さんは、水は宇宙であり、神であることを知っていました。今後、水の研究を進める人たちがもっと出てくるでしょう。

時代は、まだ魚座の流れを引きずってはいますが、もう最後のあがき。２０１９年は、本当の意味で魚座が終わり、水瓶座が始まる、ハイライトを迎えています。

宇宙存在たちが、私たちに大注目している理由

今回の惑星アセンション・サイクルでは、天の川銀河、なかでも地球が鍵を握っています。

宇宙には無数のパラレルワールドが存在していますが、じつは、ほかのパラレルの次元で、ブラックホール化しつつある天の川銀河があるのです。このまま放っておくと、ほかの銀河や宇宙も吸い込まれてしまう。そこで、宇宙の中央評議会（「アインソフ」はそのセクター）のメンバーが話し合い、僕たちがいまいるこの次元の惑星地球がアセンションできれば、全宇宙がシフトアップできると割り出したのです。だからこそ、いま、全宇宙からこの地球に、そして人類に注目が集まっているのです。

この時期にこの地球に生まれたのは、僕たちが目醒めを率先していく開拓者に志願してきたためです。その数こそ、14万4千人。「絶対に大役を果たすから」と約束して地球に来たのに、まだ眠っている。だから、宇宙から「いつ目醒めるの？」と言われているのです。僕たちは、列車が発車しそうだから「急いで！」と促されているのに、おしゃべりしながら呑気に歩いている状態。宇宙存在たちや、たくさんの待機している スペースシップ、または地底からも、大注目を浴びているのです。

アセンデッドマスターたちにとっても、今回一緒にアセンション（次元上昇）する大切なチャンスです。このタイミングで、一気にすべての宇宙をシフトアップさせたい。これを逃すと、また2万6千年も待たないといけないわけですから。目醒めを促されているのは、全宇宙の存在のためでもあるのです。

人類と一緒に、みんなでアセンションしようとしているのに、「神さま仏さま」と祈っている場合じゃないと、マスターから言われたことがあります。

数年前、フランスの教会へ訪れたときのこと。世界中から人々が集まり、マリアを崇めて祈っていました。それを僕が見ていると、白衣を着たマリアと、黒衣をまとったマリアのエネルギーが現れました。そして、黒衣のマリアが僕にメッセージを伝えてきたのです。

「私を讃えているけれど、祀りあげられることは望んでいない。祈りとは、自らの神聖さを讃えるためのもの。自らが神であることに意識を向けるための祈りでなければ、単なるお遊戯でしかない」と。

つまりは、外に神を見いだして崇める時代はもう終えるべき。これからは、自分の中の神を自覚して神聖さを讃えること。これこそ、人類が目醒めてアセンションへとシフトアップするいま、受けとるべき緊急メッセージなのです。

「火の惑星」から「水の惑星」へ

地球は、魚座時代（火の惑星）から水瓶座時代（水の惑星）へと変容中ですが、水瓶座時代をリードするマスターは、セントジャーメイン。「バイオレット・フレーム（紫の炎）」という、紫色のエネルギーを携えています。浄化の作用もあるため、紫色の服や下着を身につけたり、紫キャベツやアサイーなどの紫色の食べ物を摂取したり、ラベンダーの香りを取り入れることもおすすめ。ちなみに、マスターたちは薔薇の香りを好みますが、地球や人々の意識の波動が上がることで、プロテクションの必要がなくなるため、薔薇の棘も今後なくなっていくでしょう。

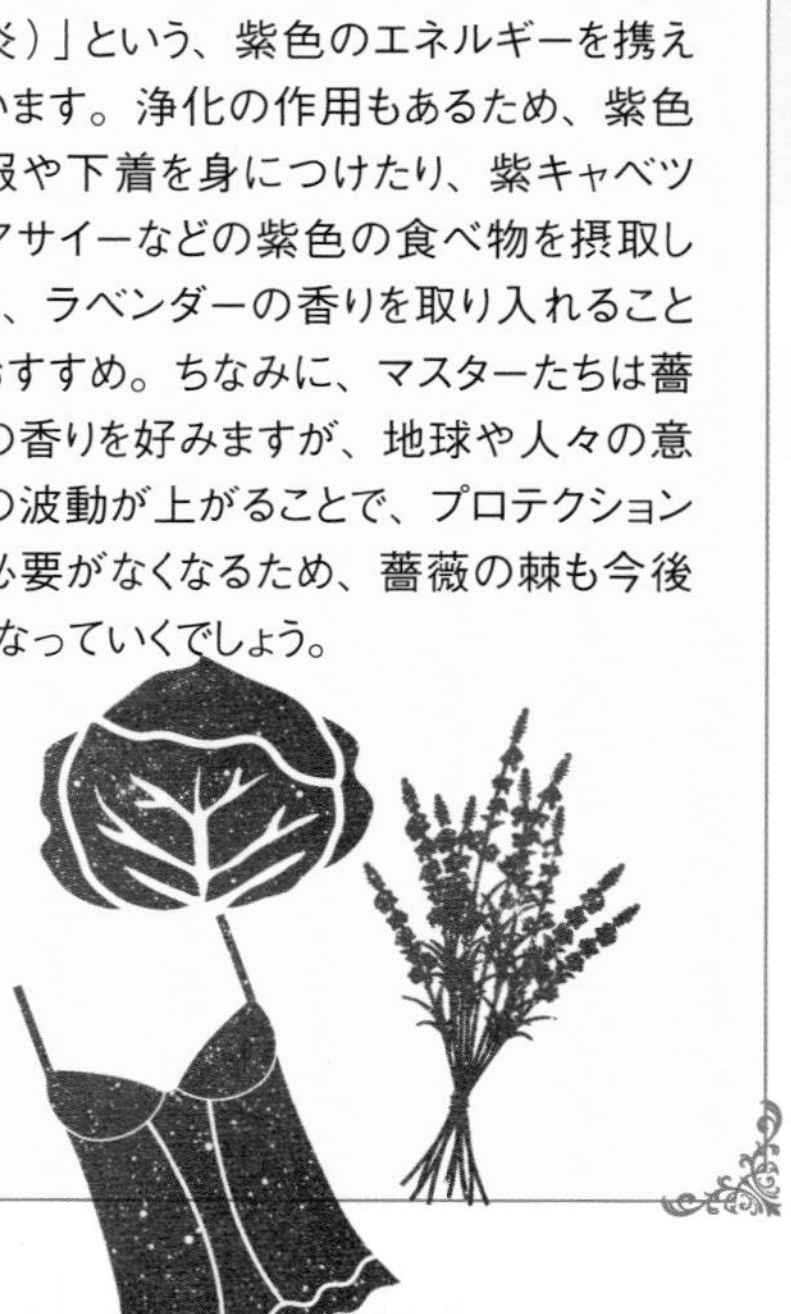

シリウスの王子が読み解く

日本から始動するアセンションへの登竜門となる大激変の年に

2020年の春分に、目醒めへのゲートが閉まり始める――
多くの人の目醒ましタイマーを鳴らし続けている並木良和さんは、
アセンションの推進を主導しているマスターたちからの思いを一身に受け、
一心不乱に活動されています。
2020年に突入したいま、私たちにどのようなメッセージをくださるでしょうか。
そのひと言ひと言は、シンプルでありながら真を突いていて、
まさに目醒めのスイッチを押さずにはおきません。
2020年を飛躍の次元上昇年とするために、
聞き逃せない叡智をお届けします!

目醒めにエントリーする卒業式の期間

2020年、僕たちがこの先、目醒めていくのか、それとも眠ったままでいくのかを分岐する、大きなタイミングを迎えます。地球が周波数をどんどん上げてくるので、目を醒ましていこうとする人は、卒業式の最終試験に合格するべく、本来の自分にはない周波数をどんどん手放していくでしょう。

でも、古い周波数が出てきたときに、それを手放さずに持ったまま、ただ体験するためだけに使うと、苦しくなったり、感情が乱れたりします。その乱れは現実に投影され、世の中にも反映することになります。

そうして、古い価値基準、価値体系をゆるがすようなことが、ますます起きていくわけですね。政治も、経済もです。自然災害のような形でも起きます。いまも起きていますが、これからはもっと明確になるでしょう。すると、自分の内側と向き合わざるを得なくなるわけです。

ひと言でいうと、2020年は大激変の立て直しの年です。

ここで、これから本格化する目醒め、そしてその後のアセンションまでの大まかな流れを、おさらいしましょう。

いまのタイムラインの流れでいうと、2020年3月の春分から目醒めのゲートが閉まり始め、8月にかけて大きく閉まっていきます。そのゲートが完全に閉まるのが、2021年の冬至の日。この間が、卒業式の期間、目醒めへのエントリー期間です。

エントリーをするとは、「目醒めることを決める」ということ。エントリーしない人は、アセンションは今回のタイミングではない、ということですが、これは、いい悪いではなく、選択です。

目醒めのエントリーをした人たちも、ゲートを無事に通過したからといって、いきなり皆が聖人君子になるわけではありません。じつは、卒業式を超えた後が本番なんです。人は社会に出てからが本番で、そ

2020年を
光の波に乗って生きるには?

すべては最善のために起こっていることを知り、いまこそジャッジを手放しましょう。そうすれば、意識が反転します。

2020年2月号掲載

目醒めからアセンションへの流れ

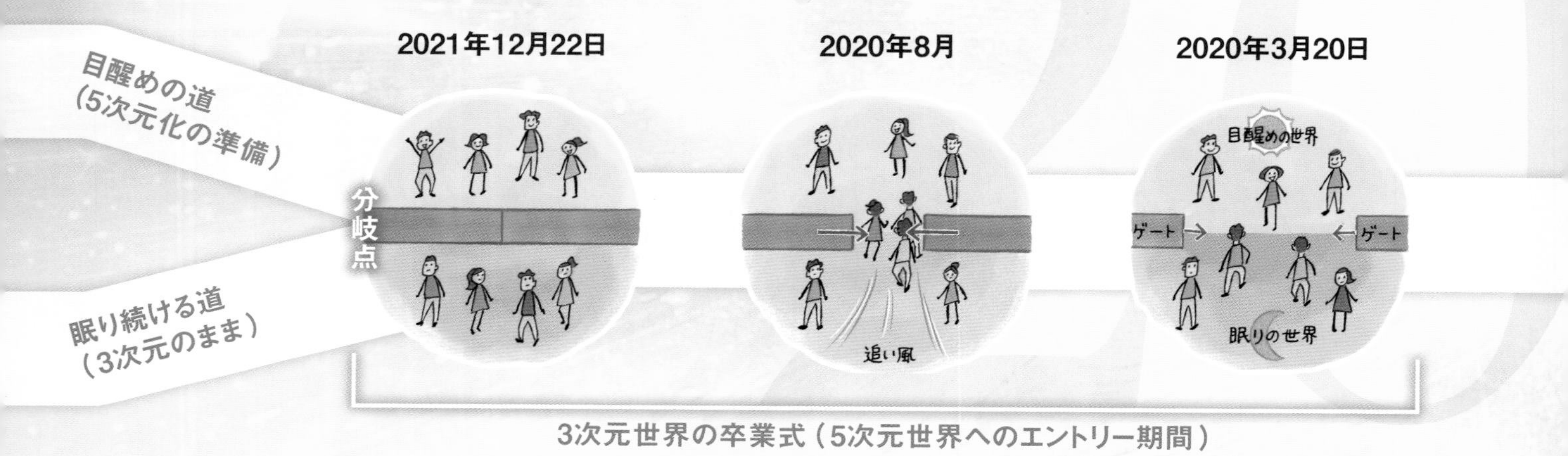

2021年の冬至の日に、目醒めのゲートが完全に閉まる。以降、目醒めの世界と眠りの世界が分かれることとなる。

8月に、目醒めへのゲートが大きく閉まる。宇宙からの追い風が吹いて、目醒めやすくなる。

2020年の春分の日に、目醒めのゲートが閉まり始める。

れまでは一人前ではないですよね。それと同じように、２０２０年から30年までの10年間で、人によっては急速に、あるいはゆっくりとしたペースで、目を醒ましていきます。それに伴い、技術的な進歩がもたらされ、僕たちの生活レベルが大きく変化していくんです。

そのベースになるのは、いままでのような自我やエゴ、頭の知識ではなく、ハイアーセルフと呼ばれる大きな宇宙意識。そこからのアイデアや情報を、科学や建築、経済、政治など、あらゆる分野に使い始めるので、いままでとはまったく違うものが生み出されてくるんですね。

それらが、５次元シフトへの準備となっていくわけです。そして、２０３２年を境に安定し始め、そこでやっと、５次元地球のスタートラインに立つわけです。

そこから、オープンコンタクトの流れも視野に入ってきます。宇宙には僕たち以外の種族も存在しているという情報が、公に開示され、彼らも一緒にアセンションに入っていくんですね。

アセンションとは次元上昇のことなので、いまもそのプロセスの真っただ中ではありますが、アセンションをひとつの現象、ポイントとしてとらえたとき、それは２０３７、38年頃に起こる、と上（アセンデッドマスターなど高次の存在）から聞いています。

今回は宇宙中のアセンションで、この規模で行われるのは、宇宙始まって以来、初めてのこと。誰も体験したことがありません。だから、詳細なことや具体的な説明が、高次の存在たちも難しいわけですね。

闇も光だったと気づけば攻防は終わる

２０２０年、21年が大激変の時期になるというのは、光と闇の攻防が最終段階に入る、ということでもあります。

いまこの地球は、宇宙存在たちの加勢もあって、光のほうが優勢になっています。なので、今後は、闇側の計画が成し崩しになる可能性が高いんです。でも、だからこそ、ダークサイドのETや、それに動かされている世界のエリートたちが、最後の抗戦をしてくるでしょう。

９・11のようなことが起こるわけではありませんが、たとえば、多くの人が命を落として大混乱に陥るような映像が出てきたときに、どうしても感情が動きますよね？　そういうときに、僕たちは波動をガクンと落とすことを知っていて、彼らは計画的に仕掛けてきます。

さまざまな情勢や動向を探りながら、僕たちの意識がどのレベルにあるのか、どこまで気づき始めているのかウォッチしていて、いいところまで上がってくると、一気に落とすようなことをしてくるわけです。

天候や地震の操作は実際に存在していて、いまも起きています。３１１が人工地震であったことは、いまや多くの人が知るに至っていますが、天然と人工の掛け合わせもあって、たとえば、天然の台風が発生したときに、その中心に細工をすると、ものすごい巨大台風になるんですね。

でも多くの人は、「これは天災、自然災害なんだから仕方がない」と思うでしょう。そのような攻撃は、２０２０年も引き続き起こります。

そこで大切なのは、高い視点で見たら「○○のせい」とか「○○が悪い」というのはない、ということです。体験する出来事はすべて、人類と地球の集合意識が決めています。いわば、集合意識が許可しているわけです。でなければ体験はしません。深いところで僕たち一人ひとりが、そして集合意識が選んでいる、ということです。

表面意識では、「そんなこと選ぶわけないじゃない、どれだけの被害を受けたと思っているの!?」と思うかもしれませんが、実際、３・11のとき、その後の人生の流れや生き方が変わった人たちがいっぱい出てきましたよね。

たとえ闇側の所業であったとしても、火事場のバカ力というように、

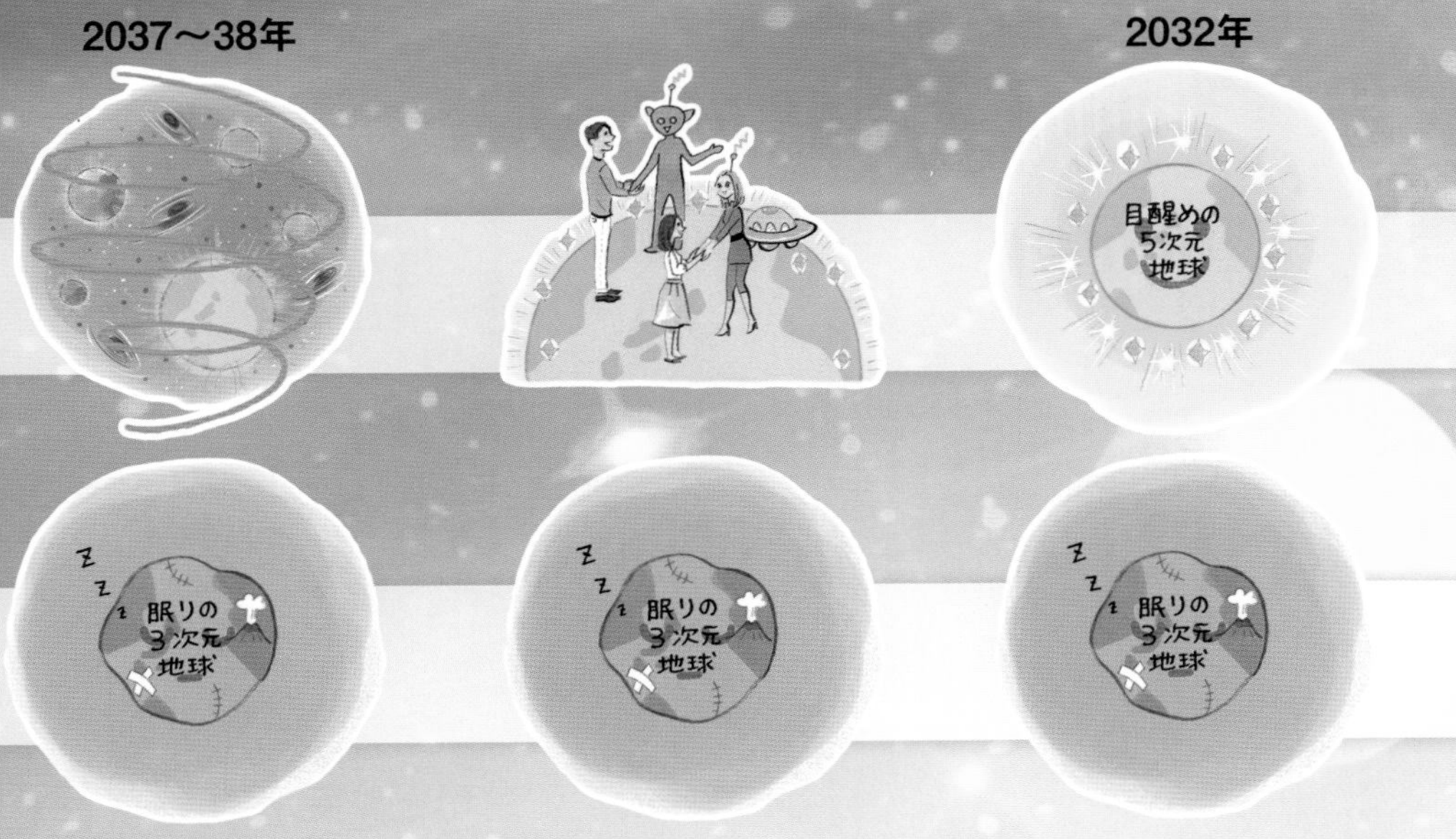

ゲートを抜けると、目醒めの世界と眠りの世界が分かれる。両者は依然として存在するが、月日が経つごとに周波数の開きが大きくなり、一緒にいることが難しくなる。それぞれの世界で現実が進行し、人生で何を体験するかにも違いが明確になる。
それぞれの選択を後押しするように、目醒めを選択した人は目醒めを、眠りを選択した人は眠りを色濃く体験することになるので、同じ地球にいながらも、片や天国、片や地獄というように、経験の質がはっきり分かれてくる。

大変容がひと段落して波動が安定し、5次元の地球と3次元地球に分かれたような状態となる。

5次元地球の住人は、オープンコンタクト（宇宙種族たちとの公的な遭遇）が始まる。3次元地球の住人は、オープンコンタクトはない。

5次元地球を含む宇宙中がアセンションする。3次元地球はアセンションせず、次の2万6000年後のタイミングまで待つこととなる。

本来の僕たちのパワフルな能力を思い出し、引き出すためのカンフル剤にもなる。高い視点から見れば、闇も光の役割をしているのです。

そのことに皆が気づけば、流れはガラガラと変わっていきます。多くの人が早く気づくほど、目を醒ますための派手なゆさぶりは、起こす必要がないんですね。痛みや苦しみを体験しなくても、変わっていくことができる。そういう在り方を選ぶこともできるわけです。

「高い視点から見たって、それが何になるのよ？」と思う人もいるかもしれません。が、高い視点から見るのは、意識をポジティブに引き上げないとできないこと。視点がポジティブになれば、ポジティブな意識の集合体ができて、それが、ポジティブな現実を創ることになるんですね。

ですから、まやかしにとらわれないことが大事です。起きた現象に心をゆらすのは、彼らにとって思うツボです。僕たちの不安や恐れを使って、彼らの思う通りの闇の流れをつくろうとしますから。

具体的に何が起きるの？と聞かれますが、高次の存在たちは伝えてこないんですね。そこにフォーカスすると、本来のポジティブの流れが歪められてしまうことがあるからです。それだけ、意識したものを現実化させる僕たちの力というのは、とてつもなく大きいんです。

じゃあ、どうすればいいかというと、何が起こっても、「これは最善のために起きている」とワクワクしていればいいんですね。実際、その通りなんです。すると、彼らは僕たちをコントロールできずに、ますます計画倒れになり、ますます失敗に終わるでしょう。

イエスの時代と同じことが起きつつある

また、世の中が大きく変わっていこうとするときには、ジャッジや非難、バッシングが始まります。このエネルギーは、闇側のエネルギーです。どう大義名分を並べたてても、このエネルギーで動いている限り、世の中は決してよくはならず、争いしか生みません。そのことを、彼らはよく知っているので、その火付け役をつくって、あえて声を挙げさせたりもします。

一人が声を挙げると、みんな「そう……!!」となるのは、2千年前と変わっていません。イエスが教えを説くと、大衆が目を醒ましてしまうことを恐れ、体制側がやったことは、歴史を見れば明らかですよね。

世を正すため、という正義感からそうする人たちもいるでしょう。でも、正義というのがまさに分離で、眠りなんです。この眠りの意識で、僕たちは殺人や戦争まで起こしてきましたよね。正義のものさしにかなえばOK、かなわなければノー。ものさしを持っている限り、戦いでしかなく、平和は絶対に訪れません。

外の世界は幻想《イリュージョン》ですから、すべては、自分自身の中にある同じものを、その人や出来事に投影しているにすぎません。非難、批判、ジャッジしている人は、自分を攻撃しているのと同じで、いちばん波動を落とすことになるんですね。

この、非難、批判、ジャッジを乗り越えることが、目を醒ましていくうえでの登竜門なんです。自我やエゴの壁にぶち当たり、それを抜けて目醒めようとするとき、非難、批判、ジャッジが最も強く出てきます。

ここで引っかかってしまっている人が、いまたくさん出てきているんですが、そのからくりに気づき、非難や批判、ジャッジの周波数を手放していけば、まもなく意識の反転を体験することになるでしょう。

自分の中のエゴや自我は、僕たちが目を醒ますと支配権がなくなるため、恐れているんです。必死なんです。「違うよ」「それは間違っているよ」と。それに耳を傾けるのではなく、「これこそが手放すべきもので、その先には、目醒めの意識が視界に入ってくるのだ」と、気づいてください。起きた出来事を、全部自分を見るために使って、淡々と喜びをもって手放していきましょう。

なみきんのときめき四方山《よもやま》Q&A

Q 春分や冬至の日に、何かすごいことが起こる？

A　眠りの意識って、ドラマを求めるんです。地球にはまさに、それを体験しに来たわけなので。その名残りで、春分のゲートというと、何かビッグイベントが起こるんじゃないか、エメラルドでも降ってくるんじゃないか（笑）って考える人がいるんですが、そういう話ではないんですね。春分のゲートは、進化していくプロセスの通過点で、卒業式なんです。何か騒ぎ立てるようなことではありませんが、重要なポイントなので、それを知っておくというのは大事です。「卒業式があるの知らなかった」ってなったら大変でしょ？「卒業式だったのよ」って（笑）。

そこを超えると、意識にも大きな変化が起きてくるし、その意識で創り出す現実の世界も、様変わりしていきます。そうなると、形としてはすごい変わった、となるわけですけど、何か天使や宇宙人たちがワラワラと降りて来て、空を宇宙船が埋め尽くして……なんていうドラマはないですね（笑）。

そういう情報が飛び交っている時代もありましたよね。それはウソだったのかというと、そうではなく、そういう可能性、パラレルもあったんです。でも、そうではないパラレルを人類の集合意識が選んだ、ということです。1987年、1999年、2011年、2012年、2015年、2016年、2017年……そのポイントポイントで、僕たちは微妙に選び変えてきて、いまに至っています。いちばん大きく流れをシフトさせたのは、1987年です。

Q 体や心、感覚はどう変化する？

A

体　アセンションプロセスは、いかに「自分自身に光を蓄えられるか」なんですね。光を蓄えるには、体を純化させていく必要があるので、より健康志向になっていきます。そして、食べる量を減らそうとしなくても、徐々に食べられなくなってくるでしょう。プラーナ（宇宙エネルギー）を摂取できるようになるので、栄養素を食べ物からまかなう必要がなくなるわけです。

心　物質に対するとらわれが急速になくなっていきます。人間関係や仕事、その他なんでも「所有」しているものに対する執着が薄らいでいくんです。それは何も、家を捨てちゃうとか、仕事を辞めちゃうとか、そういう人もいますけど（笑）、そんな極端なことではなくて、「逃したくない」「失いたくない」という思いがなくっていくんですね。なので、非常に軽やかな意識になります。

感覚　感性や認識力が拡大し、いままでとらえられなかったものをとらえられるようになったり、より霊的なエネルギーに敏感になっていきます。人によっては、オーラや光、ガイドが見え始めたり、チャネリングが突然始まったり、ということも起きてくるでしょう。とても自然なことです。それらは、もともと僕たちが持っていた自然な能力なので、それらが甦るんですね。ただ、それらは、意識の進化のプロセスの“副産物”だということを覚えておいてください。

Q 目醒めた感覚をキープするコツは？

A　目醒め始めのうちは、ハッと気づいて意識が拡大したと思ったら、また眠りの意識に戻って、というふうに、目醒めと眠りをくり返すでしょう。その目醒めた瞬間の意識や感覚を長く保つには、いつも言っているように「こひしたふわよ」にしたがうことです。それが僕たちの本質で、ソースとつながっているときは、自然に「こひしたふわよ」の感覚、周波数になっているんですよ。それだけ、僕たちにとってナチュラルなことで、感情のシステムをとおしてソースの周波数を体感したときに、「こひしたふわよ」という感覚を感じるわけです（P83参照）。

その簡単さを受け入れられる人は、とっとと目を醒ましていきます。眠りは複雑さなので、左脳的に理解して理解して、理解しないとそうした状態には達成できないと思っている人も多いと思いますが、ザンネンながら、左脳では達成できません。左脳を使っていくのが分離だったからです。

Q アセンションに必要な14万4千の魂は目醒めた？

A　1年前は、14万4千に満たない10万人ほどでしたが、目醒める人たちが増えてきて、2021年の冬至のゲートが閉まるまでには、14万4千人は優に超えると思います。縄文の遺跡が分布している地域を中心に増えてきていますね。もっと増えたっていいんですよ。そうすれば、地球の変化はもっと穏やかになります。たとえば、災害に対するアイディア出しや対処のときにも、宇宙の知恵や叡智を降ろす人たちが増えれば、全然結果が違ってきますよね。

連載 シリウスの王子なみきんの

ときめき目醒め講座

人類のDNAにセットされた目醒めのタイマー。
それを起動させるべく地球に転生した“シリウス王子なみきん”こと
並木良和さんの新連載がスタート。
並木さんが“いまもっとも伝えたい”と力を込める
5次元情報をお届けします。
アセンションを体験したいと切望し、この地に生まれた一人でも多くの魂が、
本来の目的に気づき、満たされていくために……。

Vol.1 秋分のゲートを抜けて光に傾いた地球

ときめきワード1

2019年9月23日11時11分、人類の51%がポジティブな地球へ移行

秋分の日、皆さんは、どのように過ごされましたか？ 宇宙のポータルが大きく開く分岐点でもあるこの日、僕たちはアシュタールをはじめとした高次存在たちの呼びかけで、一人ひとりのエネルギーをシフトアップするためのワークを行いました。

ワークを行ううえで、アシュタールたちから受けとったのは「11時11分に行うこと」というメッセージ。1のゾロめは、神聖なるスタートや、僕たちのDNAに刻まれているアセンションコードを意味しているんですね。

この時間帯、アシュタール率いる宇宙連合のスペースシップが地球全体を覆うように停泊し、高周波の光（エネルギー）を、一斉に送り続けてくれました。このパワフルな光のおかげで、地球のバイブレーションは一気に上昇。同時に、ワークをしたか否かにかかわらず全人類の51%もの人たちが、秋分のゲートをとおってポジティブサイドの地球に自動的に移行したんですよ。

秋分の日を境に、太陽の輝きは、ますます美しくなり、同時に集合意識の半数以上がポジティブ側に傾いたことで、今後地球に起こる出来事もどんどん良い流れへとシフトしていくはず。懸念されている事故や災害も最小限の被害で済むなど、自然現象を含め、あらゆることが好転していくでしょう。この流れは、目醒めへのゲートが完全に閉まる2021年12月22日の冬至に向けて、さらに加速していきます。

アセンションナンバー1111

時計を見ると11時11分だったり、たまたま視界に飛びこんできた車のナンバーが1111だったなど、頻繁に1のゾロめを目にするようになった場合、アセンションのプロセスが始まっている証。本来あるべきスピリチュアルな道を歩み始めていることを知らせる、宇宙からのサインです。

2019年12月号掲載

ときめきワード2

人類の目醒めを妨害する存在が最後の勝負をかけている

先日、米軍がUFOの存在を認めたことがニュースになり、話題になりましたよね。これは、人類にとって大きな一歩……と言いたいところだけれど、僕からしてみたら、アセンションを目前にしたいま、スペースシップの存在はもちろん、ほかの星の種族の詳細が公になってもいいんじゃないかなって思いますね。

なかなか真実が明かされないという現状は、人類の集合意識が、いまだ宇宙に対してオープンになれていないことを物語っています。人類の51%がポジティブな地球へと移行したけれど、それでも人間の意識の進化レベルは、宇宙の計画からしてみると大きく遅れをとっているといわざるを得ません。

これは、人類の目醒めを妨害する宇宙存在たちの影響も否めません。彼らは、スペースシップや宇宙種族の情報が公になると、人類の目醒めが大きく加速することをわかっているので、宇宙の真実が公開されないよう手を尽くしているわけです。なんてったって、空を見上げたり、宇宙に思いを馳せたりするだけで、僕たちの意識は拡大していくのですから。

スペースシップや宇宙存在の情報に対して、茶化しや冷やかしが入ったり、もっと地に足の着いたことを大切にすべき、などといった否定的な意見が出てくるのも、彼らの手口である可能性が大。彼らは大勢の心理を巧みに操り、もっともらしいことを人に言わせるよう働きかけながら情報を操作しているんですね。

人類が完全にアセンションした世界では、彼らはもはや操作できませんから、移行期であるいまが勝負のとき。これからも、あらゆる手法で、目醒めを妨害してくるでしょう。

そんな彼らの罠にハマらないようにするには、現実にとらわれない“真実を見極める自分軸”を持つこと。この視点が、ますます重要になっていきます。

ときめきワード3

目醒めを妨害する電波のサインは不安と恐怖

人類は無限の可能性を秘めた種族。じつは、僕たちを支配したい存在というのは、この人類に備わっている底知れないパワーに恐怖を感じているんです。人類が自らの可能性に目醒めてしまうと、支配下に置けないだけではなく、彼らの存続さえ危ぶまれますから。

彼らの常套手段は、テレビやラジオ、インターネットなどの“メディア”を使って、人々の精神状態を不安定にさせる電波（周波数）を大気圏内に配信すること。特に事件や事故、災害などの情報には注意したほうがいいでしょう。必要以上に不安を煽るような報道を通して、彼らの電波が配信されている可能性があります。

すべての現象は、意識が先行して起こっているということを、いま一度、真剣に考えてみてください。そうすると、人々の集合意識の中に強い恐怖感や不安感が刻まれた場合、それらが具現化されることは容易に想像がつきますよね。

目醒めを妨害する存在たちの狙いは、そこにあります。僕たちの“現実を創造する意識の力”を利用して、不調和な世の中をつくり、愛で結ばれた調和した世界や、目醒めから遠ざけているのです。

ときめきワード4

宇宙のまばゆい光によって陰と闇が浮き彫りになる

目醒めへの移行期にいる人は、この時期、意識の奥深くに刻み込まれたネガティブなバイブレーションが、どんどん浮きあがってくるのを感じるかもしれません。地球がシフトアップし、強烈な光が磁場を覆うようになったことで、陰や闇の側面があぶり出されているからです。そのため、漠然とした焦りや不安を覚えやすくなったり、一時的に苦しみが増幅する人も出てくるでしょう。

真の統合とは、ネガティブな感情が出てきたら、それをすぐに手放していくことですが、僕たちはこれまで、不安や焦り、恐怖を感じると、その周波数を使って、外側を変えようと必死になりながら深く眠ってきました。

そこに目醒めを妨害する存在は付け込んできますから、いかなるときも意識を内側に向け、自分と向き合うことを忘れないでください。こみ上げる不安、怒り、無価値観、恐怖心、人との摩擦……それらはすべて例外なく、意識に刻まれたネガティブなバイブレーションの投影、つまりその周波数を使っていることの顕れです。

目醒めたいと真に願うなら、ネガティブな感情を感じたときこそチャンスなはず！ つらい現実をつくり出す周波数を特定できたなら、それを手放してしまえばいいんです。

ときめきワード5

イマジネーションの力を使って手放す＝統合する

ネガティブな周波数を手放すには、意識を大気圏の外側にまで引き上げる必要があります。大気圏内には、恐怖や怒り、嫉妬といった精神状態を不安定にさせる電波が充満しているので、そこに意識を置いたままでは、いくらネガティブな感情や周波数を手放そうとしてもうまくいきません。

では、どうすれば意識を大気圏外に引き上げることができるのか。その鍵を握るのがイマジネーションの力なんです。誰もがもつこの力を使って、次のことをイメージしてください。それだけで、大気圏内のネガティブな電波に振り回されなくなります。イメージが難しい人は、意図するだけでOK。

イマジネーションの力をもってすれば、がんを消すことができるほど、僕たちには驚異的なパワーが秘められています。

ただ、少し前までは、次元間を覆うベールが分厚かったために、イメージの力をうまく活用することができませんでした。けれど、いまは地球の波動が上昇し続けているので、次元間を覆うベールが、どんどん薄くなっています。その影響もあり、イメージをするだけで、誰もが簡単に意識を引き上げられるようになっているんです。宇宙が応援している、この千載一遇の機会を逃すことなく、軽やかに目醒めていきましょう。

シリウスの王子なみきんのときめき目醒め講座

地球がまるごと波動上昇し、
かつてない規模での宇宙的アセンションが予定されているいま。
この宇宙サイクルに乗って、
「眠り」から「目醒め」へ向かうことを決めた魂にとって、
"統合"がひとつのテーマになっていますね。
並木さんのおすすめする「統合ワーク」を、日々実践されている方も
少なくないのではないでしょうか。
今回は、そんな「統合の日々」で湧きあがってくる疑問に、
シリウスの王子にお答えいただきましょう！

Vol.3 統合ワークの落とし穴にハマらないために

Q1

統合ワークを行って、自分が軽やかに波動上昇してくると、重いマイナス波動や低い周波数のものを「受ける」「もらう」ことはありませんか？

A　「マイナスを（自分以外の外から）受ける」という概念も、意識が外に向いているからこそ感じること、起きること、といえます。「この人のネガティブなエネルギーを受けてしまった」とか。

結局、僕たちは、波動を上げることで、3次元的な、あらゆる影響から抜けていくことになるので、ますますネガティブな影響を受けなくなっていきます。

スピリチュアルでいう"統合"とは

闇と光の統合、女性性（陰）と男性性（陽）の統合、顕在意識と潜在意識の統合、右脳と左脳の統合、レムリアとアトランティスの統合……

あらゆる二元や分離意識を、存在の根源へと統合させること。

分離した意識を「眠り」、統合された意識を「目醒め」ともいう。

2万6000年の宇宙サイクルにより、私たちは「眠り」と「目醒め」をくり返しながら、進化の道を辿っているが、地球はいままで宇宙でも稀なほど深い眠りの状態にあり、現在は、急速に目醒めへと向かっている真っ最中。

2020年4月号掲載

Q2

さまざまな方法で体や魂の浄化、クリアリングに努めていても、意識が二元の分離したままの場合、目醒めの列車に乗れますか？

A　大切なのは、「何のために浄化をしているのか」ということです。外界の現実がうまくいくように、外を変えるために統合を行っているのか、それとも、深い眠りから目を醒ますためにやっているのか。そのベースにあるものが何なのかによって変わります。

外を向いている意識のまま、浄化ワークを行っているようであれば、それは分離したままの意識ですから、目醒めの列車には乗れないでしょう。ですから、クリアリングをするたびに、「ワンネスというひとつになる意識に戻るため行っている」と、毎回毎回、意志を明確に、向かう先を決める、ということが大事なんですよね。でないと僕たちは、容易に、外を変えるためのクリアリングや統合になってしまいます。僕たちは、何世紀もの間、外を意識し続けてきて、それが強固な習慣になってしまっているので、たとえ浄化して体が軽くなったとしても、生き方は変わらないですよね。「どうしてこんなことが起きるんだろう、よしクリアリングしよう」とくり返しても、ずっと変わらないんですね。

Q3

統合していくと、カルマはどうなるのですか？

A　目醒めていくために、カルマも外していく必要があります。統合して周波数を外していくというのは、カルマの解消とまったく同義です。何か出来事や現象が起こったとき、その意味を本当に深く理解したなら、現象を引き起こしたカルマは溶けていきます。そういったカルマ解消という概念を通して、統合をすすめていくというアプローチ法もありますし、カルマという認識をせずに“ただの波動”としてとらえて、それを形にして手放していく、という、僕が伝えているような方法もある、ということです。

現実はすべて、自分が創り出したものですが、その現実を創り出した自分をジャッジすること――「こんな悪いことをしてしまった」「ひどいことしてしまった」などという、その罪の意識からカルマが生まれるんです。裏を返せば、自分でジャッジしない限り、それはカルマにはならない、ということでもあります。

カルマを与える神がいて、裁かれた結果、カルマを負う、というわけではないんですね。僕たちはそうやって、眠りの二大要素である「罪悪感」と「無価値観」を刻み込まれてきたわけです。それが僕たちの波動を下げるのに最も効果的だからです。

それは、支配者層やその彼らを操っているダークサイドETからの洗脳ではありますが、もっと深い魂レベルでは、僕たちは“洗脳されることを許可した”んですね。「〇〇された」という被害者意識でいるのか、「体験したくて自ら選んだ」という自分主導の意識でいるのか、ここがとても重要な分岐になります。

外を非難したり攻撃したり、というのは、自分が自分の宇宙の創造主であるという力、その創造性を否定していることになるんですね。まずそのことに気づくことが、自分に力を取り戻していくうえで、とても大事です。

?
わぁ！
受けるから
近寄らないで〜っ
NG

あの契約を
とれるように
クリアリング
しよっと！

Q4

目醒め行きの列車のチケットを自分が取れているのかどうか、どうやってわかりますか。

A アセンションのプロセスを体験するには、その前に、目醒めのプロセスを体験する必要があります。「目醒め＝悟り」、「アセンション＝覚醒」と、僕の中では呼び分けているのですが、目を醒まして悟りの意識へ至るためには、自分の外側に使っていた意識を全部、自分の内側に戻す必要があります。自分以外の外側の影響や作用によってこういう思いをさせられる、という一喜一憂の在り方が眠りだったので、これと真反対の在り方へシフトしていく必要があるんですね。つまり、この現実は100%自分が映し出しているもの、引き寄せているもの、創り出しているもの、という意識に戻ることが、チケットを手にした状態です。

とはいっても、いつでも100%その意識状態に居続けることを求められているのではなく、そこに意識を戻せるスタンスをもっていてくださいね、ということなんです。現実に「だって、あんたが悪いんじゃない！」「どうしてこんなことされなきゃいけないの!?」と言いたくなるようなことが起きても、「ああ、違った違った、これは私が創り出していたんだった」と戻る。ちゃんとここにいつも自分の所在を置ける人、それを思い出して戻れる人、これが身についた人が、チケットを手に入れた人です。

そこに戻れれば、完全に目醒めていなくてもいいわけです。だから、焦る必要も不安になる必要もありません。いまは「目醒めのエントリー期間」で、目醒める時期ではないんですよ。もちろん、目醒めたっていいんですけど（笑）、目を醒ます流れに乗っていくのか、眠り続けたままでいるのかを決める時期だ、ということです。「目醒めたいです」という意識は、100%自分に人生の責任があることを自覚している状態なので、おのずと行動が変わってきますよね。この在り方が、チケットを受けとれる意識状態なのです。

現実は100%、自分が映し出しているんです。

アセンション緊急会見！新生地球行きの列車に乗ろう！

目醒めの後に体験するシフトアップした世界

～ストッパー不要の高次元意識～

前回のアセンションプログラム第１弾（P16～21）では、シリウスから遣わされたアセンションワーカー、並木良和さんに“目醒めて生きる”とはどういうことなのかを具体的に伺いました。地球の意識はもうアセンションすることを決めているといい、「できるだけ多くの人にこの流れに乗ってほしい」とおっしゃる並木さんの言葉には、高い人気が伺える限りなくハートフルな響きがあります。また、並木さんによると、波動を上げていくと現在だけでなく過去・未来までを書き換えるパラレルシフトが起こるといいます。そのようなことが起こるしくみについて伺いました。

自分の波動が上がると時間軸の向きが変わる

編集長（以下、中田）　いまの自分が変われば、過去も未来も同時に変わるといいますが、並木さんの観点からそのことを詳しく教えてください。

並木さん（以下、敬称略）　自分がいま正面を向いていますよね。僕の後ろにまっすぐ時間軸が伸びているのを想像してください。同時に、斜めにも、ある時間軸がまっすぐ伸びているとします。ここで、僕が自分の中にあるひとつの周波数をハイアーセルフに統合したとします。

すると、自分の波動が上がり、いままでの時間軸の向きが変わるんです。そうすると、いまの時間軸が消滅し、こんどは新しい斜めの時間軸が適用されることになります。これが、いまを変えれば過去も未来も同時に変わる、ということです。まったく違った周波数から新しい現実を作り始めるので、いままでの現実が後ろではなくて斜め下に見えるようになります。

中田　それは、パラレルシフトみたいなものですか。

並木　そうです。生徒さんがよく、「主人が、いままで言ったことのないことを言ったり、やったことのないことをやり始めたりして、変わってしまったんです。いったいどうしたんでしょうか」なんて言います。ご主人に対して持っていたネガティ

パラレルシフトのしくみ

自分の中に心地よくない周波数があることに気づいたら、それを手放してハイアーセルフに統合すると、パラレルシフトが起こり、過去と未来が同時に変わる。周囲の人もバージョンアップして登場する。

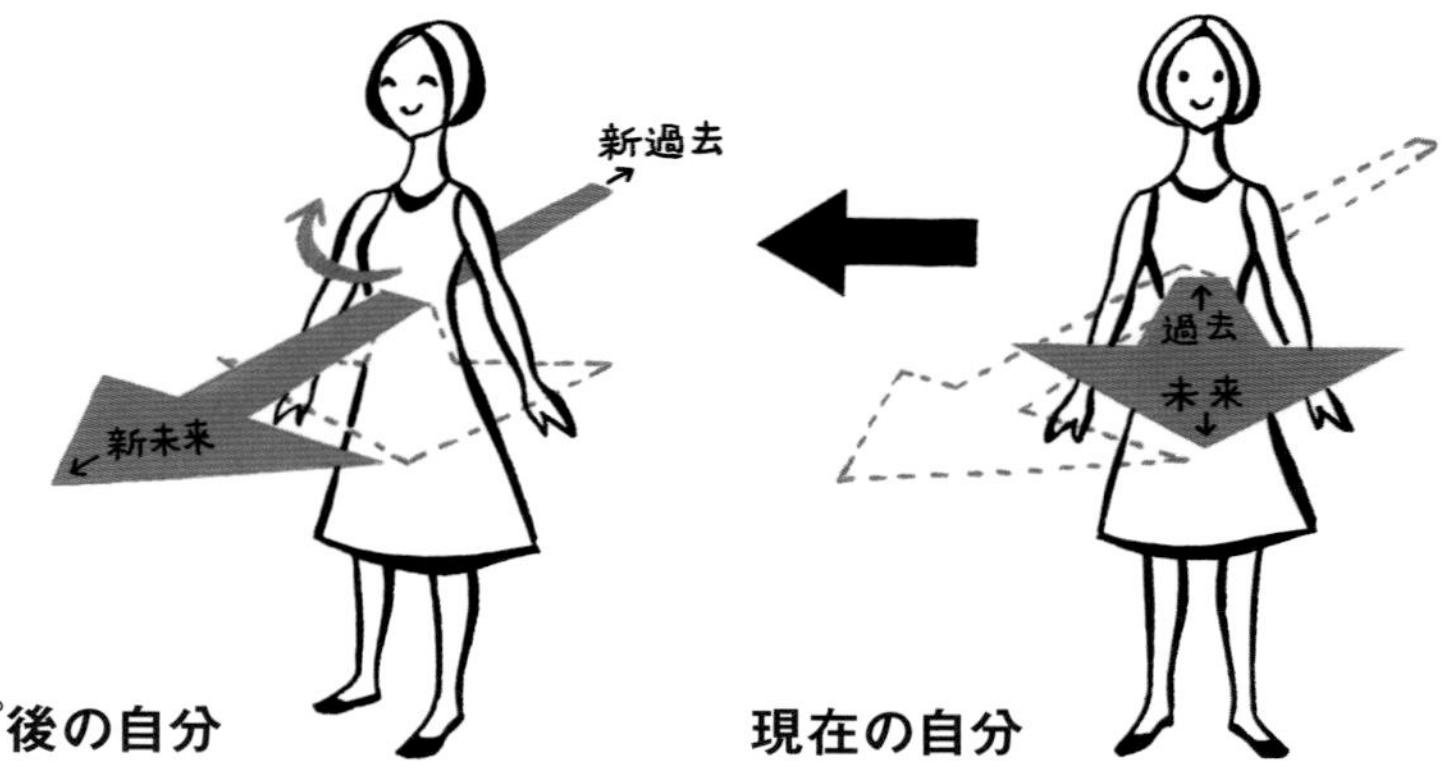

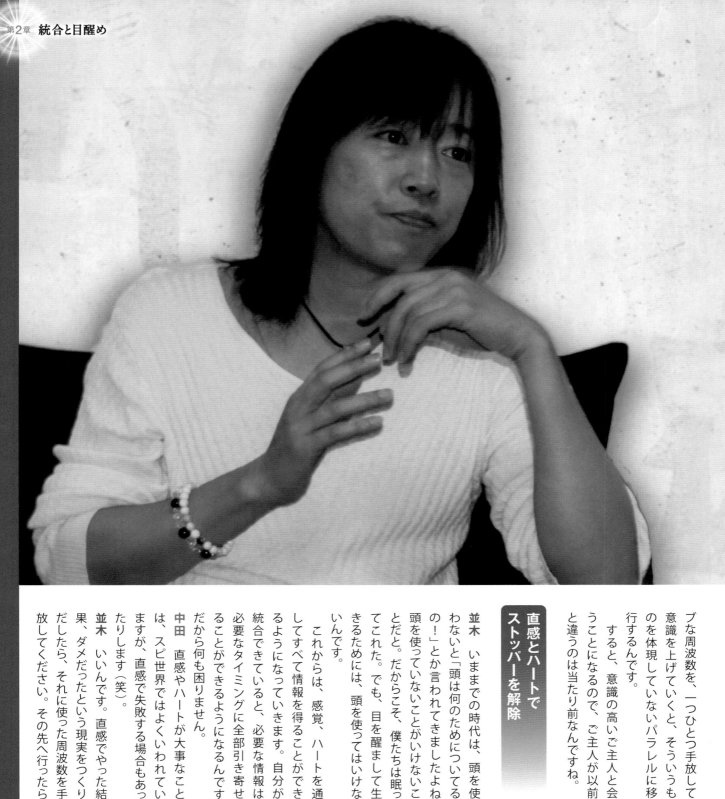

ブな周波数を、一つひとつ手放して意識を上げていくと、そういうものを体現していないパラレルに移行するんです。

すると、意識の高いご主人と会うことになるので、ご主人が以前と違うのは当たり前なんですね。

直感とハートでストッパーを解除

並木　いままでの時代は、頭を使わないと「頭は何のためについてるの！」とか言われてきましたよね。頭を使っていないことがいけないことだと。だからこそ、僕たちは眠ってこれた。でも、目を醒まして生きるためには、頭を使ってはいけないんです。

これからは、感覚、ハートを通してすべて情報を得ることができるようになっていきます。自分が統合できていると、必要な情報は必要なタイミングに全部引き寄せることができるようになるんです。だから何も困りません。

中田　直感やハートが大事なことは、スピ世界ではよくいわれていますが、直感で失敗する場合もあったりします（笑）。

並木　いいんです。直感でやった結果、ダメだったという現実をつくりだしたら、それに使った周波数を手放してください。その先へ行ったら、直感だけで大丈夫な世界へ移行します。

僕たちはこれまで、不安や恐れをストッパーに使っていたんですね。すべてをつくりだせる意識だった自分たちが、何もできない制限のある意識まで眠るというのは、相当大変だったんですよ。苦労して眠ったのだから、簡単に目を醒ましてはいけなかったんです。だから、本当はアトランティスやレムリアの崩壊も失敗じゃありません。また眠っていたかっただけです。

時間をかけて行うと結果が小さくなる時代に

中田　そのときからまた1万3千年経って、「さんざん体験し尽くしたから、もういいだろう」っていう時期が、いまってことですね。

並木　そうです。がんばらないと幸せになれない、一生懸命働かないと豊かになれない、とか、さんざんやったでしょう。本来の僕たちには、そんなことはあり得ません。自分がやると言ったらやれるんです。なりたいと思ったらなれるんですよ、なんの苦労もなく。

これからの時代は簡単さ、シンプルさ、スムーズさが主流になっていくので、いままでのように時間をかけて一生懸命やっていると、結果がとても小さくなるんです。簡単にやると、結果が大きくなる。「人生はそんなに甘いもんじゃない」と言う人もいます。けれど僕は「いえ、人生は甘いです。簡単ですよ」と答えます（笑）。僕はそれを伝えに来たので。

目を醒まさないと決めたのならいいけれど、もっとつらくなりますよ、ということなんです。これは宇宙の、創造主の定められたサイクルなので、あとはそれに乗っていくかいかないかだけ。この選択が２０２１年冬至で終わりを迎えようとしているということです。

目醒めを選択した後に アセンションが訪れる

中田　２０２０年から先は、どうなるのでしょう？

並木　目を醒ます列車に乗る人と、目を醒さない列車に乗る人が、本当に分かれていきます。いままではどっちにも行けました。ネガティブになれたりポジティブになれたり、感情のアップダウンがあったでしょう？　並行していたから乗り換えができたんです。

でも、２０２１年の冬至以降は、目醒めのポジティブを選択した人はポジティブにしかなれないし、ネガティブを選択した人はますますネガティブまっしぐらになっていきます。

中田　いままで一緒にいた人でも…。

並木　あまりにも波動が変われば、一緒にいることもできなくなります。突然の死別という形で出てくるかもしれません。または、「関係性が急にうまくいかなくなった」という事態になることもあるでしょう。

中田　そのときはもう列車の乗り換えもできない？

並木　列車が離れ過ぎちゃって、他に列車があることすら視界に入りません。これまでは、ダッシュしたら乗り換えができたのに、できなくなるんです。

中田　執行猶予期間が終わるんですね。厳しい！　目醒めを選択しない列車に乗った人は、どうなるのでしょう？

並木　再び目醒めのサイクルがやってきます。でも、あと何万年待つの？　という話なんです。

中田　いまと同じような、分離とか苦しみを、もう一度、体験しなくちゃならないんですね。

並木　人によっては、この地球と似たような物理次元で、もう一度、原始時代からやり直すかもしれないですよ。ウホウホやるのもいいですけど（笑）、一度体験したんだから、もういいじゃないっていう。

中田　目醒めの列車に乗った人たちが、その後に、アセンションを体験することになる。そこは、みんなワンネスでつながっている世界だ、ということですね。

並木　そうです。

ワンネスの世界でも 個性は失われない

中田　アセンション後の世界は、みんなとつながりながらも、個性は存在し続けるのでしょうか。

並木　存在します。創造主という源、ひとつなるものに、僕たちは統合されていく旅路をいまたどっている真っ最中ですけど、統合されても個は失われないんです。個が失われることに恐れを抱いている人もいますが、大丈夫です。

中田　皆が根底でつながっているみたいな感覚ですか？

並木　そうです。全然知らない人たちに対しても、家族みたいに感じるんです。もう感覚が、体感がまったく変わってしまうんです。

一人ひとりが目醒めれば 集合意識も変わる

並木　僕のやっている統合のワークショップは、じつは人類の集合意識にすごいインパクトを与えることができるんです。集合意識というのは「絶対抜けがけはダメよ！　みんなで眠り込むのよ」とスクラムを組んでいるんだけど、この統合ワークを行うと、「１抜けた」ってそこから抜け始めるんですよ。

そうすると、スクラムがバランスを崩すでしょう？　このときに、自分の中にも違和感が生まれるんです。「あれ？　なんかおかしい」というふうに。これが目醒めのきっかけになります。

中田　それでまた、２抜けた、３抜けた、という人が出てきて、集合意識自体が変わっていく…。

並木　そうです。最初は抜けていこうとすると、周りが足を引っ張ったりする。でも、一人ひとりがどんどん目を醒ましていけば、そういうものとは接点すらなくなります。

中田　周りのことをある意味気にしなくていいというか…。

並木　僕たちは周りを気にして、外向きに意識を使うことで眠ってこられたんですよ。自分に意識を向けるとすぐ目が醒めちゃったから。「自分の気持ちよりも、まず、相手の気持ちを尊重しなさい」って言われてきた人、多いと思うんです。そうやって、みんなで眠りのシステムに浸かったんですね。

だから、ちょっとでも、自分の気持ちを大切にするような人がいると、総攻撃を食らうんです。そうすると、その人は、自分に正直なだけなのに「なんか、いけないのかな」と思って、また眠りの中に入っていくんです。

並木良和さんから緊急メッセージ!!

コロナウィルスなど ネガティブニュースを 目醒めの起爆剤にする方法

自己免疫も上がる!

目醒めの3つのポイント

1 すべては内面の表れであると気づく

2 重たい周波数を統合ワークなどで手放す

3 「こひしたふわよ」を実践する

こ…心地よいこと
ひ…惹かれること
し…しっくりくること、すっきりすること
た…楽しいこと
ふ…腑に落ちること
わ…わくわくすること
よ…喜びを感じること

いま世間を騒がせているコロナウィルスは、その被害の有様もさることながら、それが「東京オリンピックを開催させないための生物化学兵器である」という情報によって、さらにダークな様相を深めています。ここで留意すべきは、ウィルスそのものよりも、怖れの周波数が世の中を覆うこと。多くの人が思えば、その集合意識によってそのような現実がつくられてしまうからです。

私たちはいま、闇と光が対峙しない"一元の光"――根源へと向かっている、目醒めと統合のプロセス真っただ中。宇宙から届く高次の光にあぶり出されるように、ネガティブな出来事やニュースは、これから先も増えていくでしょう。

たとえそれらが、意図的に仕掛けられた、私たちを目醒めさせないための"眠りのトラップ"だったとしても、もっと大きなところで、宇宙は私たちを試しています。意識を不安や怖れに向けるのか、愛に一致させるのか…。"敵"や"攻撃"といった二元の概念のないワンネスの視点から見れば、闇にも役目があり、私たちの覚醒を補助する光の一部。現実的に対処するときも、意識の在り方によって、その後の展開が変わってきます。

今回、並木良和さんから、コロナウィルスをはじめとしたネガティブに思えることがなぜ起こるのか、それを通じて宇宙はどんなメッセージを投げかけているのか、緊急にお話しいただきました。いまこそ、意識を内面に向け変えるときです。

自分の外側で起こっている現象、現実はすべて、自分の内面の現れである、ということは、僕が常々お伝えしていることですが、このコロナウィルスも、僕たちの中の"現れ"でしかありません。ですから、このウィルス自体をなんとかしようとしても、あまり意味がないんですね。

たとえウィルスをうまく抑えられたとしても、また次に、違う方向から違う問題が出てくることになります。

コロナにしても、3・11の福島原発にしても、そのような出来事が僕たちにやってくるのは、「あなた方がその影響を受けないところまで波動を上げていってくださいね」という宇宙からのメッセージです。

その出来事が、自然現象であっても、意図的な計画であっても、魂はそれを経験することを許可しています。言い方を換えれば、自分で起こしていることでもあるのです。

そのようなショッキングなことを現実として目の当たりにすると、その出来事の先に行こうとして、自分の深いところにある才能や能力が爆発的に吹き出すきっかけになることがあります。いわゆる「火事場の馬鹿力」ですね。僕たちは、一見ネガティブに思える現象を起こしてまでも、目を醒ましていこうとしているのです。

そのようなしくみになかなか気づけないと、どうしても、現象にフォーカスしてしまう。すると、「ウィルスに感染したくない」という恐怖や、「家族が感染してしまったら、どうなるんだろう」という不安に陥ってしまうんですね。

いまこのタイミングで、自分の内面に意識を向けず、本来還るべきところに目を向けなければ、また違う問題を自ら創り出してしまうでしょう。僕たちはずっと、それをしてきましたよね。問題を創り出しては解決する、創り出しては解決する…という生き方を。

そのいたちごっこに気づき、意識が現実を創っていることに気づけたら、僕たちは本当にその先に行くことができるのです。言い方を変えると、ウィルスや問題が、僕たちをどんどん進化させてくれている。それに気づけるかどうかです。

こういうときにやはり大切なのは、好奇心とワクワク。これを自分のベースにして生きていける人は、免疫力もすごく高まります。なぜなら、この肉体をつくりあげているのは、自分の意識ですから。僕たちが、目醒めて進化していくことに意識を向けることで、ウィルスに感染しにくいベースができあがるのです。

ハイアーセルフと一致する「こひしたふわよ」の感覚をもとに行動することが、いまこそ大事です。

2020年4月号掲載

目醒めに直結！

コロナウィルス Q&A

「コロナウィルスは、不安や怖れを吸収することで増殖していきます。
しかも、僕たちの怖れを増幅させるように、
毎日メディアが煽るように伝えていますよね。
人類の意識がいいところまで目醒めると、また眠らせるようなことをするのが
彼らの常套手段ですが、もっと高い視点から見れば、
自分たちが目を醒ますために創り出している、自作自演のドラマなのです」
そう語るのは、目醒めとアセンションのリーダーである
シリウスの王子、並木良和さん。
私たちは、なぜこのような現象を引き起こしたのか、
その深い意味と向き合い方、そしてこの騒動からの抜け方、
さらには、コロナが収束したらどのような世界が待っているのかを、
並木さんにレクチャーいただきました。
何のために統合ワークを行うのか、その原点に気づかせてくれる
とても重要なメッセージです！

Q1 コロナウィルスは、なぜ発生したのでしょうか？

A すべては集合意識の表れです。

この世界は、僕たちの意識で創られています。意識、つまり僕たちの集合意識の反映が、いまウィルスの蔓延という事態を起こしてしまっているといえるでしょう。別の言い方をすれば、集合意識で何を選んだのか。その結果です。

ここから僕たちは何を選択していくのか、どう生きていくのか、どこへ向かうのか。それらを決めていくことが、とても大切なタイミングを迎えています。

今回のような痛みを体験しなくても、僕たちは変化することができます。でも、なかなか人は、これまでの思考パターンや習性を変えようとはしないんですよね。そのために、今回のような自分と向き合わざるを得ない“きっかけ”を作り出して、その先へ行こうとするのです。

ウィルスのネガティブな面を挙げたら、きりがないくらい出てきます。でも、ウィルスとは、じつは僕たちの進化にひと役買ってくれているんです。

ウィルスが蔓延するその根底にある宇宙の意図は、僕たち人類がウィルスを超えて、進化していく流れを後押しすることです。宇宙の意図とは、すなわち僕たち自身の意識でもありますから、進化をしていくために、人類が自分たちでこのような仕掛けをした、ということもできるでしょう。

2020年6月号掲載

Q2 春分の日の「ハワイフェス」も、コロナで中止になったのがショックです…。

A 流れを読んで柔軟に対応することも大事。どんな状況でも“統合”に使うことができます。

目醒めのゲートが閉じ始める今年の春分の日に行う予定だった統合のイベント「ハワイフェスティバル」は、1年前から準備していました。参加しようと思ってくださっていた方たちの集合意識は、その頃からでき始めていました。

実際に集合意識の流れを読んだとき、4割の確率でコロナウィルスに感染する人たちが出てくるというのが視えたんです。そうであれば、決行することは得策ではありません。何よりも、参加者の皆さんの安全を確保することが最優先ですから。

そして、（上の存在から）「3月8日～15日の間に、トランプ大統領が動く。動いたら確実に開催できない」と言われたんです。そうしたら、14日にアメリカの非常事態宣言が発令された。そこで改めてハワイフェスに意識を向けると、警察が出動しているのが視えたんです。これでは参加者の方に迷惑がかかるし、続けることができない。そのため、中止を決めました。

開催することがすべてではありません。決めたんだからやり遂げる、ではなく、流れを読んで、柔軟に対応していくことがとても大切なことです。

参加者の皆さんは、海外にまで出向いての参加でしたから、ご家族を日本において参加したり、仕事をお休みされたりと、ある種、覚悟が必要だったと思います。楽しみにしてくださっていましたし、珍しく僕自身も、何年かぶりにモヤッとした周波数が出てきました。

こんなとき、大きなショックや残念に思う気持ちというのは、人間ですから湧いてきますよね。ドン！とシャッターを閉められる体験をすると、「やりたいのに、できなかった」という地球の周波数が出てきます。

でも、**僕たちは本来、やりたかったらなんでもできる意識**。それなのにできなかったということは、**“できない”という地球の周波数を使ったということ。その周波数を手放して、宇宙意識につながり、統合していく**。それは、目を醒ます、いいチャンスなのです。

そして、目を醒ますと決めると、何が起きても動じなくなります。「これをとらえるための現実だったんだ。じゃ、手放そう」という視点に立てる。

今回は僕にとっても、出てきた周波数を扉にして開けて、何段階も統合していくきっかけとなりましたし、参加予定だった方々も、目を醒ましてその先へ進むために統合されたことでしょう。

Q3 宇宙では、今回のようなパンデミックが起きたことはありますか？

A 分離意識を統合するために起きたことがあります。

　別のパラレル宇宙で、ウィルスによるパンデミックが宇宙中で起きた歴史があります。

　そのときは、「分離して争っている場合じゃない。本当にひとつにつながっていくことが大事なんだ」と結論づけられ、その結果、分離していた意識がひとつにつながって、銀河の統合を体験しました。

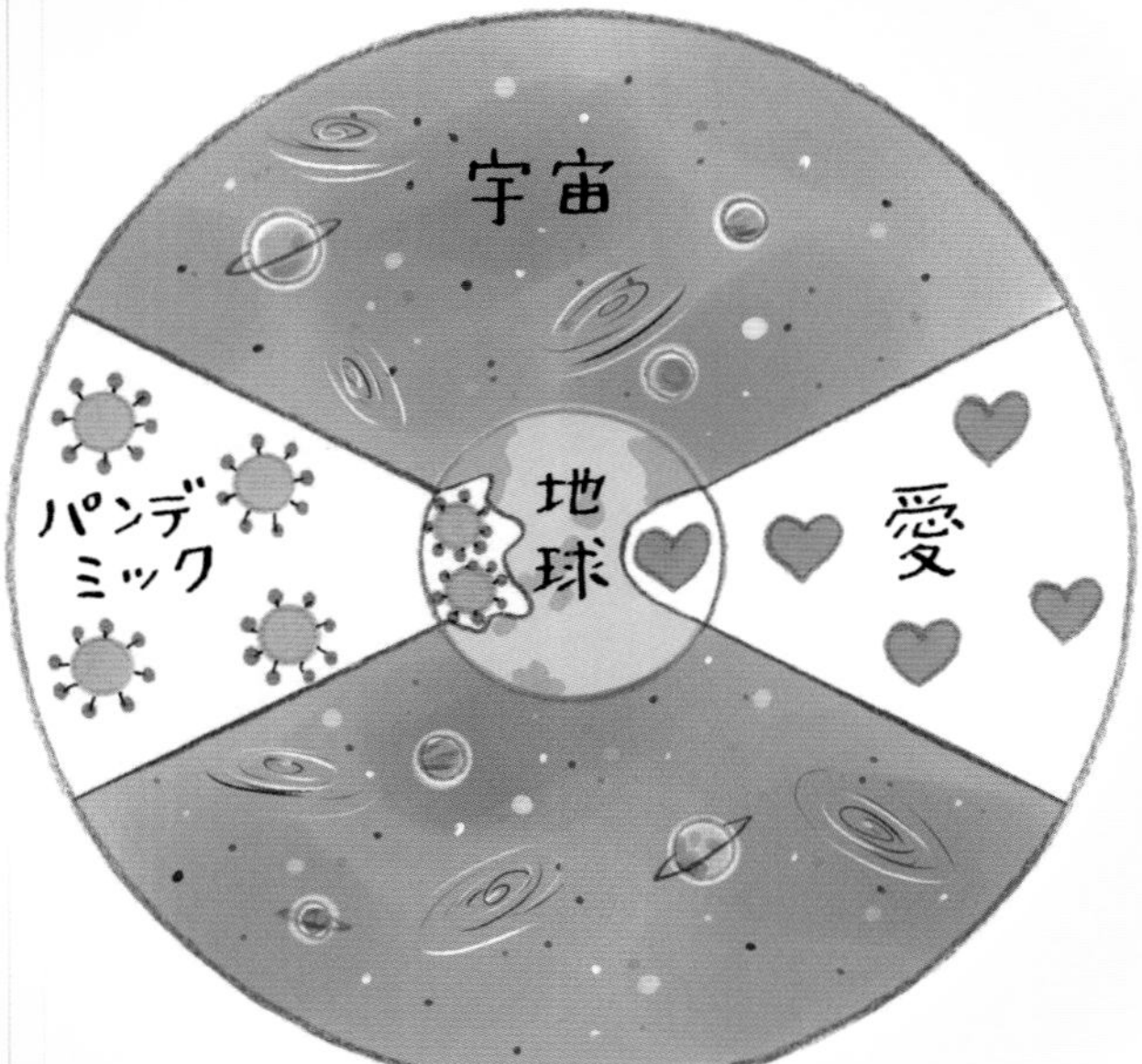

地球は宇宙のフラクタル（相似形）！

　しかしそのとき、天の川銀河だけが統合されなかったのです。そのため、パラレルの天の川銀河はいま、ブラックホール化しています。このままでは宇宙中に大きな打撃となる。そして、あらゆるパラレルを検索した結果、いま僕たちが生きているこの天の川銀河の中でも、この地球に白羽の矢が立ったのです。地球が底上げすることができれば、パラレルにも影響を与え、救うことができるわけです。

　「上のごとく下もしかり」というように、すべての次元はつながっていて、相関関係で成り立っています。ですから、今回のコロナの蔓延が起きたとき、「あ、あのときと同じことが起きるのか」と、僕は正直思いました。

　宇宙での成功体験を、いまの地球に活かすことができれば、分離から統合してひとつになっていくことができる、ということです。

Q4 今回のパンデミックにより、世界はどうなりますか？

A 新たなシステムが始まります。

　僕はずっと「春分を迎え、目醒めのゲートが閉じ始める」と言い続けてきましたが、いま現実の世界で、あらゆるゲートが閉まっていますね。お店のシャッター、個人との距離間、国の封鎖などなど…。目に見えない世界で起きていることが、現実で起きているわけです。

　まさにいま、世界中が分離の極みを体験していますが、いったん扉が閉まることで、それぞれが自分と向き合っていますよね。その経験を経て、つながりを取り戻すしかないと気づき、僕たちはこれから、本当にひとつになっていくでしょう。

　そして、分離から生み出された社会、経済、政治などのシステムが崩壊して終わりを迎え、新たなシステムが生み出されることになります。

　いま起きていることは“膿出し”なので、苦しみも伴いますが、この先、僕たち人類の意識が大きく変わっていく予兆なのです。

Q5　今回の事態で、どうしても不安や恐怖が出てきてしまいます。

A　その先の光（希望）に意識を向けましょう。

今回のような問題は、眠りの世界で作りあげられてきたシステムを崩壊させるきっかけです。崩壊とは、新たなものが生み出される祝福ですから、その先に広がるポジティブな世界に意識を向けてください。絶対に光の世界がありますから。

わかりやすくいうと、いま、闇の時代から光の時代へと移行しようとしています。闇は暗いから、どっちに進めばよいのか迷いが出てくるかもしれません。でも闇をぬけたら、光の射す新しい景色が広がりますよね。

この闇から光への移行こそ、2020〜21年の大激変の流れです。ですから、決してブレないでください。この先が必ずあるのですから。

Q6　今後の生活を不安に感じるとき、どうしたらよいですか？

A　自分の可能性にワクワクしましょう。

コロナウィルスが起こる前の世界に戻ることは、もうありません。コロナが収束したからといって、いままで通りのシステムで生きることはできないのです。そのため、変わりたくないと思っていると、不安に陥ってしまうかもしれません。

大切なのは、「変わっていくんだ」ということを、一人ひとりがしっかり受け入れることです。コロナ後の世界は、先へいくほどに、比べ物にならないほど豊かなものになります。「それってどんな世界なんだろう」と、ワクワクしてほしいのです。

とはいえ、「こんな状況でどうやって希望を見いだせばいいの？　今月の支払いだってできないかもしれないのに」という人もいるかもしれません。

でも、こういうときだからこそ、先を見ましょう。目の前に“壁”が立ちはだかったように見えても、よく見れば、それは“扉”であることに気づくはずです。その扉から、向こうの世界の光が射しこんでいるんですね。

先を見たけど、実際に支払いもできないような状況のときには、周りに助けを求めればいいのです。誠意をもって自分の状況を明確にして「助けてほしい」と伝え、助けられる人が助ける。そうやって、周りとつながることができるでしょう。

また、外出が制限されることで、家族と向き合ったり、隣の人と助け合うよい機会にもなります。特にいまの流れでは、国レベルでも隣人レベルでも、みんなで歩調を合わせることも必要ですから。

さらに、職を失ったり、自己破産しないといけなかったり、すべてを失ったりなど、一般的に「地獄」と呼ばれる体験をする人もいるかもしれません。でも、そこで止まってしまったらおしまいですが、「その先がある」と意識を向けられると、僕たち人間には、火事場の馬鹿力のような、潜在していた能力や感性が出てくるんです。

新しい天職に出合えたり、新しい生き方がひらめいたりすると、その人は自分の可能性の扉が開いてワクワクするでしょう。そのとき人は、「天国」を体験するのです。

頭では理解できないけれど、深いところで、「この事態はその先へ行くために、自分たちで選択して創り出したんだ」という意識に立つことができると、僕たちは変わっていきます。

そうして、一人ひとりが力を取り戻し、各々が主導権を握って生きることができる。僕たちはいま、すごい時代を迎えているのです。

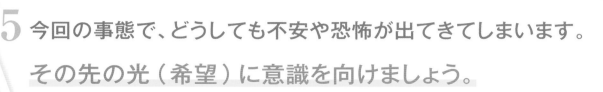

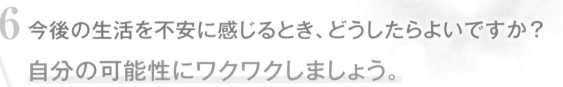

MESSAGE from Master

セラピス・ベイ

Serapis Bey

地球人類のアセンションを任されているマスター。
エジプト・ルクソール神殿の神官として光の世界へ入る人々をサポートしている。

悠久の時を経て、いまここにいる奇跡に想いを馳せたことがあるだろうか？
あなた方は決して、偶然にこの時代に居合わせているのではない。
明確な目的のもと、肉体を持っているのだ。
その目的はただひとつ、「アセンション」である。

私のメッセージを聴く者、あるいは目にする者の魂の目的は、この類い稀なる機会を有する、
いまという地球のサイクルにおいて、可能な限り、
最高レベルの進化・向上をめざしてやって来ているのだ。

であれば日々、アセンションを最優先事項に据えた生き方を意識することが大切になるだろう。

アセンションとは何であろうか？
それは「自らの限界を超える」ことである。
つまり、もう無理だと諦めたり、できない、やれないと匙を投げたくなったときこそ、
もうひと踏ん張り、ふた踏ん張りすることで、その先へと進み続けることを意味する。

それは、力ずくで事を起こすことではなく、あなた方のクリエィティビティを十二分に発揮し、
自身の人生の創造主として、他に力を明け渡さないということだ。

いま、この地球で起きている変化は、まさにあなた方の限界を超えさせ、
より高いレベルで機能できるよう、あなた方の集合意識から生み出されたもの。

それを、もし誰かや何かのせいにして、自身の力を放棄すれば、
約束された輝かしい未来など夢のまた夢となることを、肝に銘じてほしい。

なぜなら、あなた方には、それを超えていける力が確実に備わっているからだ。
そしてその先にこそ、あなた方の待ち望んで来た未来が待っているからだ。

さぁ、いよいよ、あなた方の真価が試される時を迎えた。
あなた方には、十分な知恵も能力も備わっている。
あとは、その自分を信頼し、勇気を持ってチャレンジしていくのみである。

私はセラピス・ベイ。
人類の進化の行方を見守りながら、
あなた方とともに約束された輝かしい未来へと旅する者なり。

第3章

アセンション

このエキサイティングな
宇宙あげてのお祭り時代に、
アセンションに向けて準備をすることは、
自分自身を輝かせることになるのです

教えて、なみきん! 目醒めとアセンションのQ&A

過去、地球は4回アセンションにトライしていますが、
並木良和さんは、そのうちの2回地球に降り立ち、
今回の大規模アセンションを成就させるための準備として
さまざまな霊的トレーニングと経験を重ねてこられた
宇宙生粋のアセンション・アクセラレーターです。
並木さんの言葉や教えがこんなにも多くの人の魂を開くのは、
かつて並木さんがシリウス存在として人類と深い関わりをもった際、
「目醒めのタイマー」を仕掛けてくださったからだと、
思わずにはいられません。
すでにアセンションしているマスターたちとも常時交流し、
多くの叡智を伝えてくださる並木さんに、
アセンションにまつわる疑問をお聞きしました。

Q1 目醒めとアセンションの違いは？

A

「目醒め」とは、アセンションそのものではありません。目を醒ましていくプロセスの延長線上に、アセンションという“イベント”が待っています。「目を醒ます＝アセンションへのパスポートを得る」こと。

アセンションするかどうかを決めるのは、自らの自由意志。決めたら、「パスポートを手に入れます!」と、自分の明確な意志を表すことがとても大切です。

地球《ガイア》は、2012年、人類より先にアセンションへのスタートを切っています。今後、僕たちの住む世界が5次元に安定すると、その次元から下がることはもうありません。そして、まだまだ先へと上昇していきます。

それは、シリウスもプレアデスも宇宙自体もそう。「この次元まで行けば完了」というのはなく、それぞれが上昇し続けることで、全宇宙は進化のプロセスを遂げているのです。

アセンション自体は、小学生から中学生へ進級するようなものですから、身構える必要はありませんが、進級するには学力の目安があるように、それ相応の準備は必要になります。

Q2 今回のアセンションは、いままでとどこが違う？

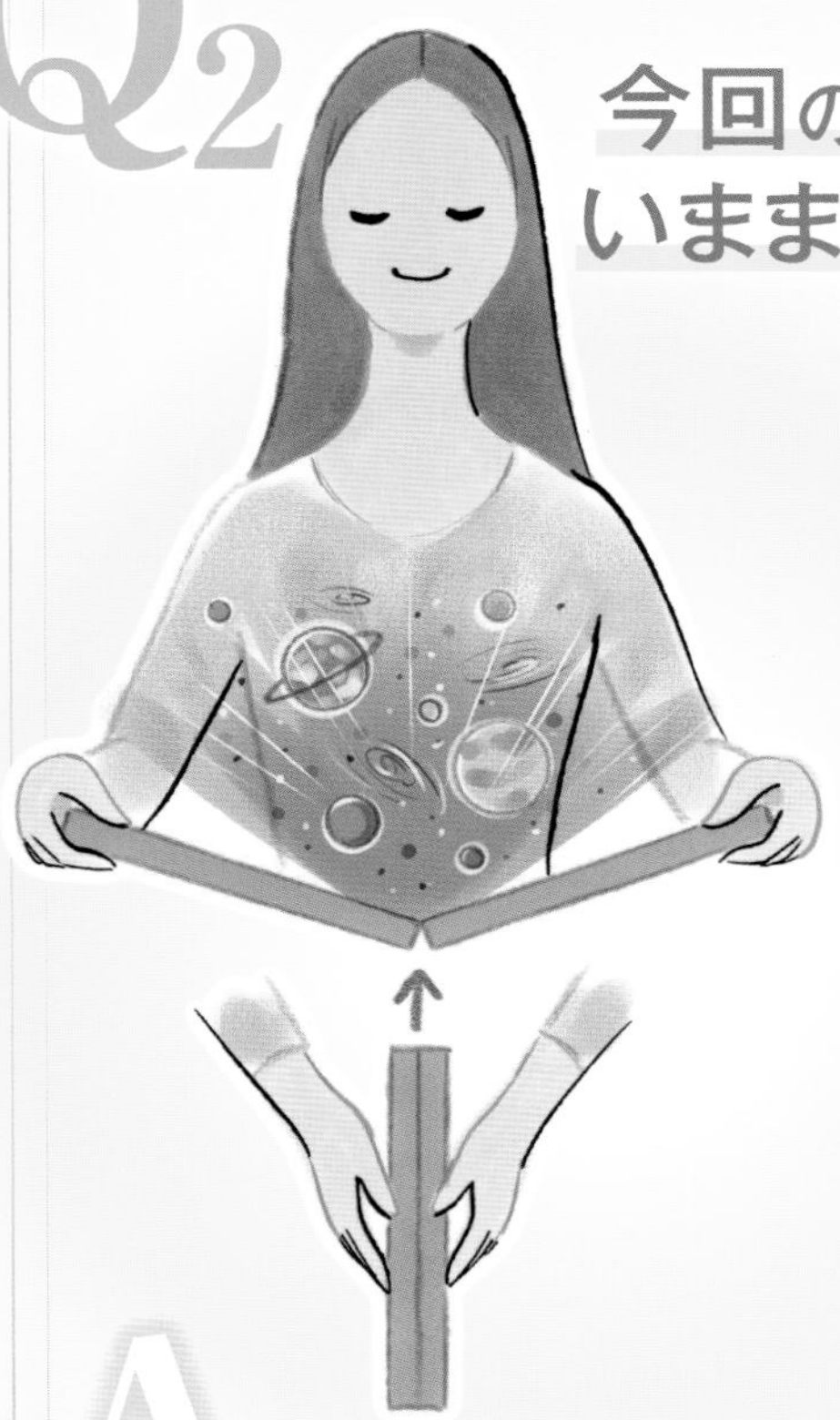

A

地球もほかの惑星も、何度もアセンションのプロセスを経験してきましたが、今回だけは特別です。

なぜなら、全宇宙の「フィールド」が、大転換を起こすからです。

フィールドには、5次元、6次元、7次元…という全次元、他の惑星、銀河も含まれます。

フィールドを、ゲームボードにたとえてみましょう。僕たちは、宇宙が用意したゲームボードで、さまざまな体験をしてきました。ただ、もうボードのコマを全部体験し尽くしたのです。そのため、宇宙はいったん、いま展開中のゲームボードを閉じ、まったく新しいボード、つまりフィールドを作り出そうとしています。

それが、今回のアセンション。

なぜ宇宙がそう決めたかというと、宇宙には発展・拡大・進歩というDNAが刻まれているから。さらに発展拡大していくためには、宇宙に新たな体験が必要なのです。

いままで起きてきた惑星レベルでのアセンションも、もちろん全宇宙に影響しましたが、この規模は初です。前代未聞ですから、高次の存在たちも当然、未体験。なので、彼らも完全には把握できていません。

全宇宙が関わる今回のアセンションを止めてしまっているのが、僕たち地球人類です。ほかの宇宙の種族たちは、次の宇宙フィールドに向けて、すでに準備OK。みんな地球が進化するのを待っている状態です。

だから、「とっとと、準備を完了していただけますか？」と、僕たちは高次の存在たちから注目されているんですね。とっとと、とっとと、って（笑）。

そもそも、僕たち地球人は、いろいろな宇宙存在のハイブリッドですから、ものすごいポテンシャルを含んでいます。

たとえば、1999年にカナダのある地域に隕石が落ちて、地軸がずれることにより人類滅亡の危険性があったときも、人類の集合意識は自らの判断によって、土地の磁力を消すことで回避させました。そのような多くの壊滅的な予言の流れを、人類はすべて回避してきたのです。つまり、滅亡ではなく生きたままさらに進化することを、いつの時代も自分たちで決断してきたということです。

今回の特殊なこの時期に、アセンションすると決めてきた人は、約10億人です。その代表が14万4千人で、目醒める可能性をもった人たちに影響を与え、人類の意識を引き上げていきます。14万4千人の目醒めは、いまの時点で達成できるといってよいでしょう。

今回のアセンションでは、レムリアやアトランティスの黄金期以上の波動を実現させようとしています。つまり、6次元以上。6次元意識へ移行できると、Jr. アセンデットマスターとなります。

Q3 アセンションのまさにそのとき、地球や宇宙はどうなる？

A

いよいよアセンションを迎えるのが2037、38年頃。そのとき、いま宇宙で展開されている全フィールドがトンネルのような、ブラックホールのようなゲートに、吸いこまれていきます。

ブラックホールを抜ける期間は、地球時間に換算すると、24～72時間ほど。その間は、誰も意識を保つことができません。

そして、吸い込まれたあとにホワイトホールのようなゲートを抜けると、そこでは新たなフィールドが展開されているでしょう。

いま、地球をはじめ、ほかの惑星や天体も皆、地軸がある一定方向に傾き始めています。その理由は、ブラックホールに向けて吸い込まれつつあるからなんです。

このブラックホールのようなゲートには、天の川銀河だけでなくほかの銀河も、また高次の存在たちも、目醒めを選択した人も眠りを選択した人も、もれなく皆、全宇宙すべてが吸い込まれます。

そして、アセンションすると決めた人たちは、ホワイトホールを抜けて新しい地球に転生することになります。この場合の転生とは、目が覚めたら新しい地球に存在するという意味です。

新生地球がどんな環境なのか、誰にもわかりません。もしかしたら、空の色が七色かもしれないですよね。それまでの記憶は、部分的には残るでしょう。

眠りを選択した人たちは、いまの地球と似たような物理次元の惑星に移行します。

このエキサイティングな宇宙あげてのお祭り時代に、アセンションに向けて準備をすることは、たとえアセンションが起こらなくても、人生の質を向上させるうえでとても役立ちます。なぜなら、自分の可能性にもっと気づき、自分自身を輝かせることになるのですから。ですから、ぜひこのプロセスを楽しんでください！

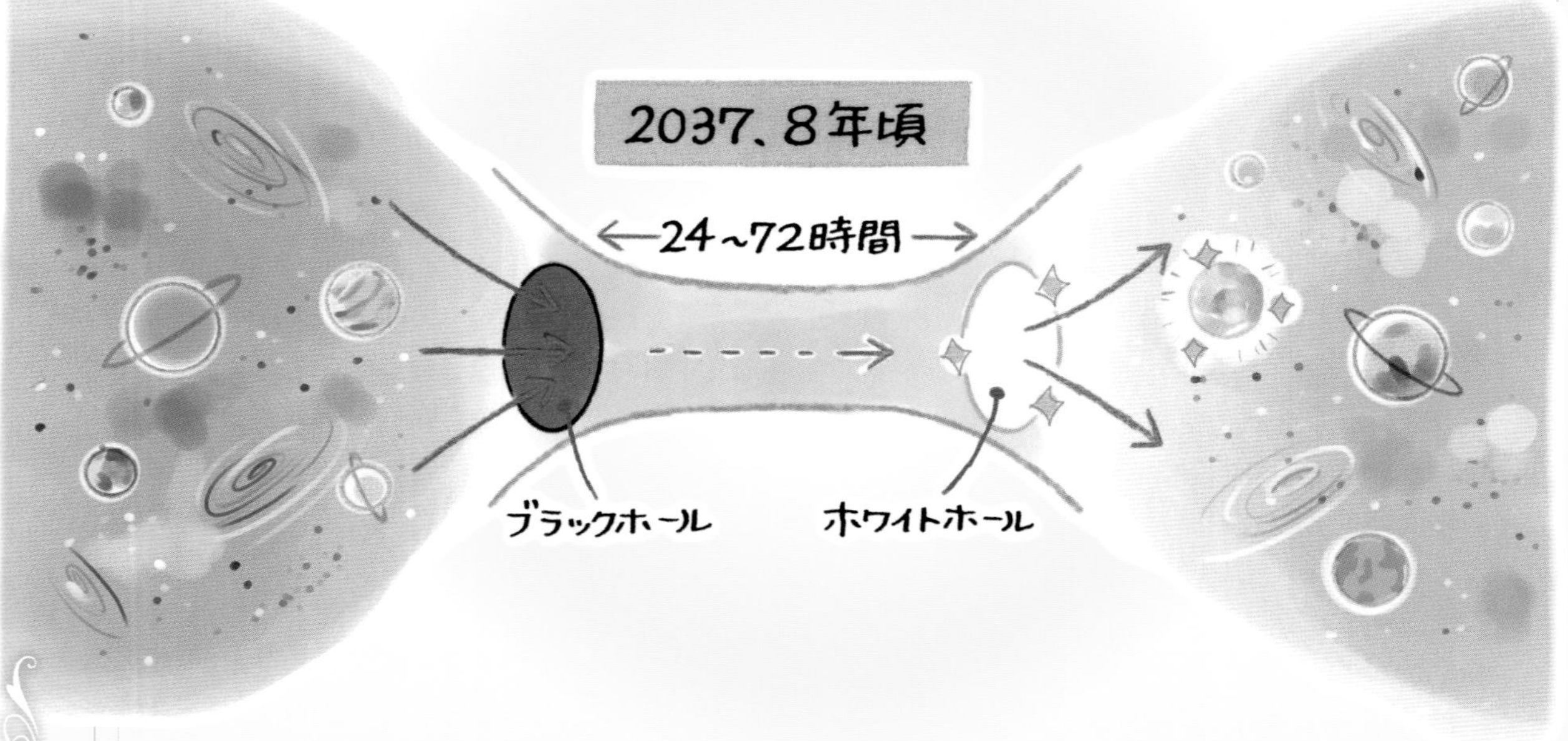

Q4 過去、地球がトライしたアセンションはどんなふうだった？

A

惑星単位でのアセンションのプロセスは、この地球でもこれまで4回ありました。今回が5度めのチャンスです。

僕は、過去世を含め、2回ほど地球のアセンションのプロセスを経験しました。そのひとつが、約1万3千年前に終わりを迎えたレムリア時代です。

当時、僕は、沈没から逃れるために、レムリア人たちを連れて地下都市へと移動しました。そこへ入るために、レムリア人たちは急速にアセンションする必要があったのですが、それは大きなチャレンジでした。結果、移動したレムリア人は全員アセンションを遂げ、いまなお地下都市で生きています。

そうして地底でアセンションした一部の人たちを除き、レムリアもアトランティスも、アセンションのプロセスは失敗に終わりました。そのため、大洪水や地殻変動によってリセットがかかり、最初からやり直すことになったのです。

レムリアもアトランティスも、黄金期には5～6次元意識を保っていましたが、沈むときには波動が下がっていました。それが、沈没のいちばんの原因です。とはいえ、波動を落とすことすらも、自由意志。あの文明に生きた存在の多くは、もっと眠りを体験することを選んだのです。

その後、釈迦やイエスなど高次の存在たちが地球に飛来して、高波動をアンカリングしたことにより、僕たちの意識も確実に変わり始めました。

Q5 アセンションを意図していたのに、その前に亡くなった魂のゆくえは？

A

今回アセンションすると決めているのに、その時期を迎える前に肉体を維持できなくなった場合、一度、肉体を脱いだ後、すぐに新しい肉体をもち、続きをします。実際、いまもすでにたくさんの意識たちが、そのようにして転生しています。

また、宇宙には、肉体をもってアセンションすることを望む多くの存在がいるため、ウォークインされる人も増えるでしょう。いわば、ボディをシェアするのですね。それは、おたがいの魂の計画を阻害しないことを条件に、魂レベルでの契約がなされた場合にのみ起こります。

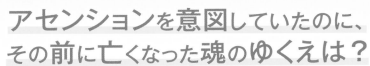

2021年の冬至にゲートが閉じたあと、アセンションまでの間にはどんな変化が待っている？

個人

目醒めを選択した人

目醒めにまっしぐらに進んでいき、自分の意識が反転した意識状態へ移行するようになるでしょう。現実とは確実に自分の意識の反映であることに、体感が伴うようになるのです。

そして、ポジティブな方向性や可能性に意識を向け続けることで、願わなくても願いがかなっていく、引き寄せを超えた「最適化」へと移行していきます。

また、自分自身を大切にするようになり、調和や平和、愛を反映する現実を創造するでしょう。思考の世界から感性の世界へ移行するので、アーティスティックに自分を表現する人が増えていきます。

眠りを選択した人

眠りの意識そのものになるので、“目醒め”に意識が向かなくなります。ゲートをくぐる前は、目醒めに関心があったとしても、ゲートが閉じたら目醒めの方向には戻らないのです。そして、これまでの地球経験と同じように、山あり谷ありの人生ドラマを体験していくでしょう。

経済

2023年頃になると、経済システムは目に見えて変化するでしょう。

お金という形は変わらず存在しますが、5次元意識になるにつれて、価値観が変化します。お金がすべてという意識から、なくても生きていけるという意識へ。2028年頃には、物々交換のようなシステムを試験的に導入する地域が出てくるかもしれません。

最終的には、眠りのシステムから生み出されたお金はなくなります。

皇室や王室

日本の皇室は、そのシステムには変更があったとしても、天皇や皇室そのものは残るでしょう。世界をみると、現時点では口外できない部分が多いですが、ロイヤルファミリーの存続は難しい可能性もあります。

地球への対応

人類の意識が変わり、「地球もひとつの生命体」ととらえるようになるため、自然と共生することがベースとなり、環境へのアプローチが変化します。

たとえば、自然が多い場所へ移住する人が増えたり、ホテルなどの施設も自然にそって造られるようになるでしょう。

国

政治家という一人のリーダーが国を引率する構図は崩れます。そして、コミュニティがどんどん増えていくでしょう。そこでは、代表者がいたとしても、一人ひとりがリーダーとなります。

シリウスの王子なみきん ときめき目醒め講座

**人類のDNAにセットされた目醒めのタイマー。
それを起動させるべく地球に転生した、並木良和さんの連載企画。
今回は、目醒めた状態で生きる5次元世界では、どんな生き方が
スタンダードになっているのかを、教えていただきます。
3次元世界とは異なる、先進宇宙のスタンダードを生きる
新しい時代のキーワードは“スピーディ・自由・簡単さ”。
そんな、心ときめく世界を、ひと足早く覗いて見ましょう。**

先進宇宙のスタンダードを生きる 5次元世界

宇宙スタンダード1

あらゆるプロセスが短縮 2032年頃から、乗り物の速度も急上昇!?

地球が、本格的に5次元世界へと移行し始めるのは2032年あたりになります。そこから、さらにシフトアップしていくのですが、この過程で物理次元に起こるのが、スピードの速い乗り物の誕生です。僕たちの進化の状態は、移動時間の速さに現れます。新幹線や飛行機が開発されたのも、じつは僕たちの意識の上昇と関連していたのです。

この技術の向上に大きく関わっているのが、宇宙の情報。つまり、有能なエンジニアのひらめきというのは、ある種のチャネリングでもあるわけですが、多くの人が、“脳内に構築された知識によるアイデア”だと信じて疑いません。これを宇宙情報ととらえている人は、ごくわずかでしょう。

今後、僕たちの波動が上昇していくにつれ、以前にも増して濃厚な宇宙情報がどんどん地上にもたらされるようになり、僕たちもそれを受けとれる状態へと進化していきます。宇宙というのは、瞬間移動がスタンダードな波動領域ですから、5次元世界へと移行したら、瞬間移動に近いテクノロジー情報が急速にもたらされるようになり、これまでは不可能だと考えられていた高速の乗り物が、次から次へと開発されるはずです。

宇宙スタンダード2

女性性を象徴する地球が、より中性的な星へと洗練されていく

人々の移動速度が速くなると、地球の磁場がどんどん軽くなり、それが人々のカルマをも溶かしていきます。宇宙では意図したものがすぐ現れますし、行きたいと思った瞬間に、その場所にいる。つまりプロセスというのがないんですね。だから、いつだって軽やかだし、カルマに縛られる状況がほとんどないわけです。「プロセスを楽しむという側面は、女性性によるもの」といわれることがありますが、これはガイア(地球)が女性性を象徴している星であることとも関係しています。つまり、多くの意識たちが、女性性特有の“プロセス”を楽しみたくて、彼女(ガイア)のもとに来たともいえるのです。

しかしいま、ガイアは自らが目醒めることを決意しました。もう、プロセスは十分に楽しんだ、と。そして、新しい可能性に向けて、自身の波動を上昇させることを選び、中性的な星へと生まれ変わろうとしています。とはいえ、元の彼女が消えてしまうわけではありません。少女が、美しい女神のような存在へと成長を遂げていくように、ガイアも女性性の持つ神聖さはそのままに、より洗練された調和的な周波数を帯びるようになるということです。

2020年1月号掲載

宇宙スタンダード3

テレポーテーションする人も出現

一部のヒマラヤ聖者たちは、テレポーテーション（瞬間移動）やレビテーション（空中浮遊）を行っているといわれますが、それは山奥には交通手段も、整備された道もないからでしょう。たとえば、川の向こう岸へと渡りたいのに、橋やボートがなければ、この能力を発現させようとするのは、ごく自然なことかもしれません。「火事場の馬鹿力」という言葉の通り、必要に迫られると、僕たちは奇跡的な力を発揮し始めます。

これらの能力というのは、本来は誰もが備えているものです。ただ、多くの人にとっては、この力がなくても生きていけますし、何よりも、いまの地球は“制限の場”ですから、そのすべてを簡単には発揮できないしくみになっているんですね。

一方、5次元世界では、文明はますます発展を遂げながらも、日常的にこうした能力を使う人たちが、徐々に増えていきます。物質的な豊かさと、精神的な自由度、充実度が統合され、かつ高まった環境では、誰もが本来の力を自由に惜しみなく、簡単に発揮できるようになるんですね。あとは、使うか使わないか、という選択肢があるだけ。

いま各地で大きな災害が続いていますが、それは多くの意識が、もう“十分すぎるほどに味わった制限”を手放すことに、深い部分で同意をしながらも、顕在意識ではこの習慣を超えられない“葛藤”の現れとも言えます。あるいは、物質的なものに頼らなくても生きていける力を、本気で取り戻そうとしていることの反映なのかもしれません。いずれにせよ、5次元世界への移行期であるいま、僕たちの可能性が大いに試されていることには、違いありません。

宇宙スタンダード4

“死は移行のプロセス”という理解が多くの意識に定着する

僕たちの魂は、肉体の中に宿っているというよりも、肉体を抱えているといったほうが正確かもしれません。その魂が肉体を手放すことを死と表現します。

5次元世界などの、より高い周波数帯域では、魂は体を何万年も維持することが可能です。高次元の周波数を帯びていたレムリアやアトランティス時代の人々は、寿命が永遠に近く、自分自身で死ぬ時期、つまり肉体を手放す時期を選択することができました。そんな彼ら同様、5次元世界に移行した人々の中には、意識的に肉体を手放すという人たちも出てくるはずです。

そして、多くの人にとって、死というのが恐怖や絶望の対象ではなく、進化の過程で起こる、ごく自然なプロセスとして受け入れられていくでしょう。

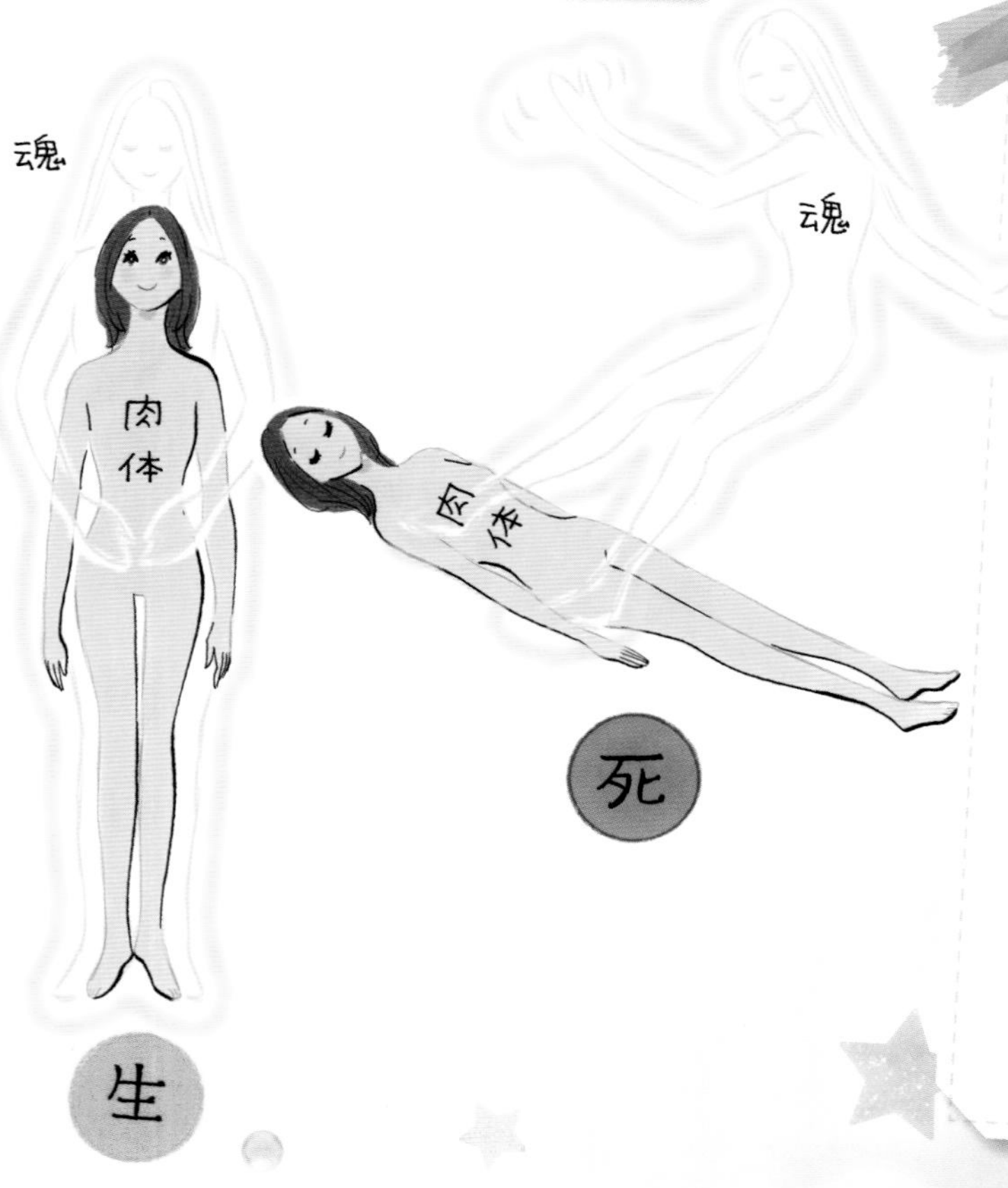

宇宙スタンダード5

母親の肉体を介さず、望む年齢の体へと物質化して転生する存在も

通常、僕たちは母親の肉体を介して、この世に誕生します。その際、過去世で一定の学びを終えたとしても、3次元のシステムでは、その記憶はすべてリセットされ、再び赤ん坊からやり直すというのが、ルールになっています。

しかし5次元世界では、こうしたプロセスをいっさいたどらずに、この地に転生する高い意識を持った存在が出現し始めるでしょう。つまり、意識体からいきなり肉体を持った存在として、この地に降り立つということです。

彼らは、いわゆるウォークインではありません。この地球を体験するためだけに肉体を物質化させて降り立つので。母親も父親もいません。自らの目的を体験するにふさわしい年齢の体を意図して物質化し、目的を遂げたら、再び自らを非物質化させてマスターソウルへと還っていきます。こうした存在を通して、概念を超えた死生観、生まれ変わりのシステムを、目の当たりにする機会が増えていくと思います。

宇宙スタンダード6

魂の計画がスムーズに実行されるようになる

5次元世界では、魂の記憶をもって、地上に転生してくる命が増えてきます。そうして、本当に望む経験をポジティブに楽に、自由に積み重ねていくんですね。いまの地球のように、カルマの解消のための経験、というものがなくなっていくので、たとえばパートナーシップは、ものすごくスムーズになっていきます。おたがいにとって必要な相手というのが、すぐにわかりますから、魂レベルで合致するパートナーと迷いなく、摩擦なく出会えるようになっていくんです。

さらに、自分たちのもとにくる子どもの特徴も、明確になっていきます。どのような目的と使命を持って誕生しようとしているのかはもちろん、才能や資質もわかるので、3次元世界とは教育が一変。一人ひとりの可能性を引き出すことを主とした、のびのびとした環境の中で、子どもたちが魂の目的をスムーズに達成できるよう、社会全体が動くようになるはずです。魂の目的を遂行するうえでの障壁が、いっさいない世界では、あらゆる物事がスピーディに運ぶようになり、人々は加速度的に進化を遂げられるようになります。

宇宙スタンダード7

マスターソウル、そして源の進化も加速する

目醒めへの移行期にいる人は、この時期、意識の奥深くに刻み込まれたネガティブなバイブレーションが、どんどん浮きあがってくるのを感じるかもしれません。地球がシフトアップし、強烈な光が磁場を覆うようになったことで、陰や闇の側面があぶり出されているからです。そのため、漠然とした焦りや不安を覚えやすくなったり、一時的に苦しみが増幅する人も出てくるでしょう。

真の統合とは、ネガティブな感情が出てきたら、それをすぐに手放していくことですが、僕たちはこれまで、不安や焦り、恐怖を感じると、その周波数を使って、外側を変えようと必死になりながら深く眠ってきました。

この不安定な時期に、これまでと同じようなやり方で、ネガティブな感情を手放さないでいると、不安や恐怖を煽る電波に同調しやすくなります。

そこに目醒めを妨害する存在は付け込んできますから、いかなるときも意識を内側に向け、自分と向き合うことを忘れないでください。こみ上げる不安、怒り、無価値観、恐怖心、直面する苦しい出来事、人との摩擦……それらはすべて例外なく、意識に刻まれたネガティブなバイブレーションの投影、つまりその周波数を使っていることの顕れです。

目醒めたいと真に願うなら、ネガティブな感情を感じたときこそチャンスなはず！ つらい現実をつくり出す周波数を特定できたなら、それを手放してしまえばいいんです。

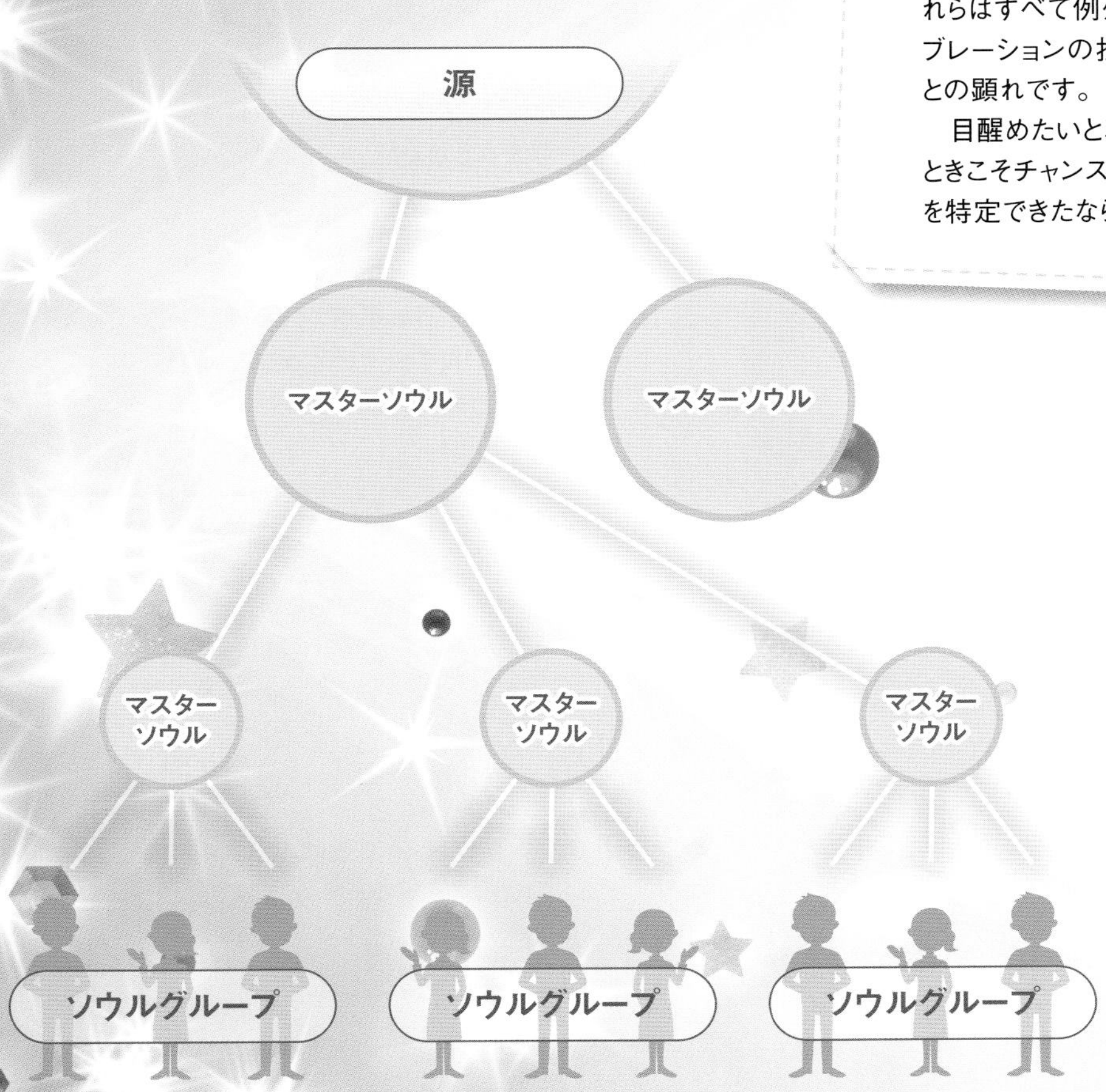

意識を大気圏へと引きあげる 統合ワーク

1 大気圏の外側が、プラチナシルバーに光り輝く目醒めの磁場（フィールド）で覆われている光景をイメージしましょう。

2 プラチナシルバーのフィールドは、広大無辺に広がり、内側から発光するように、明るく輝いています。その様子も思い浮かべましょう。

3 この目醒めのフィールドの中央には美しく輝く、大きなダイヤモンドがあり、その上に自分が立っていると想像してください。

4 足元からは幅広の光でできた渦がウォータースライダーのように螺旋を描いて流れていて、光の渦は源とつながっています。

5 手放したい感情を、イメージしやすい「形・材質・大きさ・重さ」にしていきます。想像できる限り、リアルな質感にしていきます。

6 5を、体の外側に押し出します。そして、足元の光の渦にのせると勢いよくらせんに吸い込まれていく様子を思い浮かべましょう。

7 天からキラキラ輝く光が降り注いできて、体が軽やかになる感覚を味わいます。その心地よさに身をゆだねましょう。

次元間のベールが薄くなっているいま、「プラチナシルバーのフィールドでダイアモンドの上に立つ」ことをイメージするだけで、本来の自分へと戻りやすくなります。**このフィールドは、多くの地球人たちが目醒めることに同意し始めたことによって、できたもの。**これをイメージの中で使うほど、その波動はパワフルになり、僕たちの目醒めを加速させるでしょう。

扉を開けて“クリスタルの自分”になる 統合ワーク

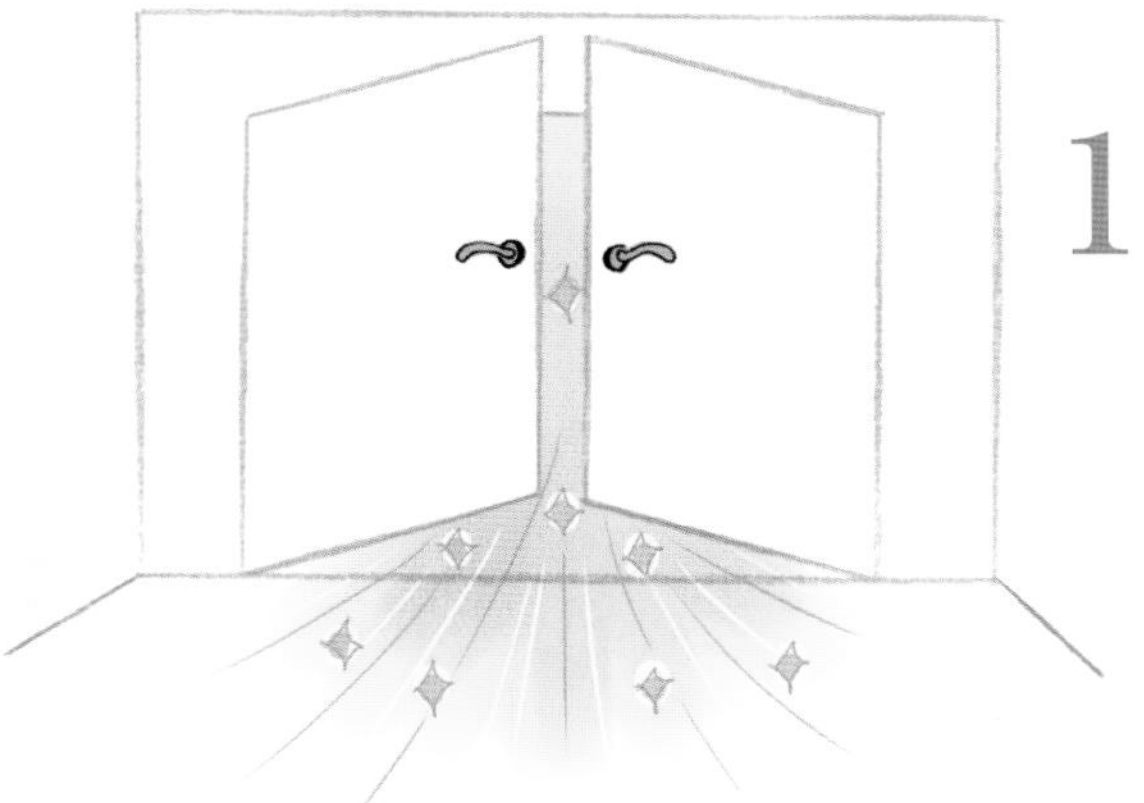

1 いま目の前に立ちはだかっている“壁”を、よーく見てください。そこにドアノブが付いていませんか？ そう、目の前にあるのは、壁ではなく“扉”です。「その先に行く！」と宣言し、その扉を少し開けてみましょう。

2 扉を少し開けると、黄金の光があふれているのをイメージしてください。その黄金の光は、扉の向こうの世界に広がっています。この光は、あなたの雄大な意識、ハイアーセルフの意識です。扉を開けて、その先に広がっている自分の光の意識へ入っていきましょう。

3 光の世界を進むと、あなたの体の形をしたクリスタルがあります。クリスタルを見つけたら、そこへ行き、ガチッとハマって一体になってみましょう。

4 目を閉じて深呼吸をし、クリスタルへ自分の意識を溶けこませるようになじませます。そして、クリスタルそのものになったと感じたら、目を開けましょう。

アドバイス

黄金の光が波打っているようなこの世界は、あなたのハイアーセルフの領域です。これが、あなたの本当の意識です。僕たちの肉体は、アセンションのプロセスにおいて、ベースが炭素からケイ素化していきます。ケイ素はクリスタルの組成ですから、大胆にクリスタルになっているご自身をイメージしてみてください。

“壁”にぶつかったとき、そのつど、この統合ワークを実践しましょう。

統合を続けていくことで、僕たちはコロナウィルスの影響を受けない次元まで波動を上げていくことができます。それこそが、宇宙の真意です。

2020年6月号掲載

MESSAGE from Master

エルモリヤ
El Moriya

意志の第一光線（赤）を司り、
すべてを統合し神聖なプランを想起させるマスター。

いま、地球を取り巻く、この大いなる変化のプロセスにおいて、
最も大切なことのひとつは、「自分を赦す」ということである。

あなた方は、意識的であれ無意識的であれ、眠りの意識から生み出した、
さまざまなイリュージョン（幻想）を通して、自らを罪人であると認識しながら生きている。

つまり、人間であるがゆえに犯してきた罪といわれるものは、眠っているがゆえに、
何をしているかが、よくわからないまま行動することによって生じるものであるが、
そこでとらえた罪悪感をずっと握りしめたまま、何度も輪廻をくり返すことで、
罪人であるという認識を強化してきたのだ。

あるときは罪を犯す側として、あるときは罪と呼ばれるような行為を受ける側として、
またあるときは罪人を罵る側として……
これらは立ち位置が異なるだけで、「すべて同じ」ことである。

つまり、自身の中にある「罪悪感」を手放さない限り、
これらのドラマを終わりにすることは決してできないのだ。

あなた方は、こうした感覚がどのようなものであるかを体感したくて波動を落とした存在であり、
誰もがそれに同意して体験していることを憶い出してほしい。

もう、自分も相手も、他の何をも責めることをやめ、
まずは、「自分自身を赦そうと決める」ことである。

そこから、すべてがドミノ倒しのように変わっていくであろう。
赦すことは「受け入れる」ことであり、あらゆる可能性を拓くことでもあるのだから。

第4章

あの世とこの世のしくみ

僕たちの魂の進化の旅は、
ずっと永遠に続いていきます

魂の旅路Q&A

**人間として地球での人生を経験している私たち。
魂とつながって、目の前の人生をまっとうするとき、魂をさらなる高みへと成長させることができます。
しかし、魂とつながりたいと願っても、多くの人は魂の記憶を失っています。それはなぜでしょう？
1000回以上の転生経験をもつ並木さんに、魂が辿る“あの世とこの世”についてお聞きしました。**

Q1 DNAや魂の記憶を覚えていないのはなぜ？

「大半の地球人がほかの星からやってきた」ということです。それは、他星のDNAと、魂としての転生のことかと思いますが、そうした記憶をほとんどの人が覚えていないのはなぜでしょうか。

A　地球特有の「幽界」システムに仕組まれたトラップにはまってしまうからです。

人間は死んで肉体を脱ぐときを迎えると、幽界へ行きます。そこでは、病院のベッドのように、癒されるまで休息する場所はあるのですが、トラップにはまると、完全にリセットされる前に、傷も癒されていない状態のまま、朦朧とした状態で再び人間として生まれ変わります。

すると、「何のために生まれてきたのだろう？」と、まるで認知症のように、魂の記憶にアクセス不可能な状態のまま生きることになるのです。魂がもつテーマも目的も記憶も、すべて忘れたまま生まれ変わること、これが「輪廻」です。

このような魂は、アストラル界にたどり着くことなく、記憶を失った状態で幽界と地上を行き来してしまう。これが、幽界に仕掛けられたトラップです。

一方、幽界トラップに引っかからず、アストラル界へ向かった魂は、魂の故郷であるマスターソウルへ還ることができ、そこでリセットされて、明確でクリアな意識のまま生まれ変わります。すると、今回は何のために生まれてきたのかがわかるのです。この状態での生まれ変わりを、「転生」といいます。輪廻と転生はまったくの別物なのです。

シリウスにもプレアデスにも、アストラル界やその先の霊界は存在しますが、トラップのある幽界システムは、地球だけです。トラップをなくすために、進化したパラレルの最高次元に存在する中央評議会の指示のもと、作戦が遂行されました。

現在は、幽界のシステム自体、ほぼ壊れて、薄くなっています。地球のアセンション後には、完全に跡形もなくなるでしょう。

なぜ幽界トラップが地球に仕掛けられたかというと、それほど支配したい惑星だったからです。魂としての記憶を眠らせておかなければ、ポテンシャルの高いDNAを持つ人類を支配できませんから。

悟った者は、決して幽界トラップにはまりません。釈迦が、「輪廻から抜け出さなければならない」と説いたのは、この幽界トラップのことだったのです。つまり僕たちも、目醒めて悟った意識になっていけばいくほど、幽界に寄り道しなくてすむようになります。

幽界トラップにはまらないコツとは？

肉体を脱いだとき、あなたという魂は幽界へ行きます。そこでは、美しいお花畑や豊かな自然が広がり、またイエスやブッダに似た神々しい存在たちの姿が見えます。すると、彼らがあなたにこう言うのです。「あなたはこんなところがよくなかったね。だから次の人生ではこうしようね。いいんですよ、あなたはここにいて。休んでいきなさい」。

もしここで、あなたが幽界トラップのことを知っていたら、彼らのジャッジはおかしいとわかります。これはすべてイリュージョンなのだと。ですから、「私はそうではないと思います」と言い返すことができる。なぜなら、真実に気づいている者は、自分の意識に集中しているので、彼らに絶対的な価値を置かずにすむからです。そのように自分にフォーカスしていると、一瞬真っ暗になり、次の瞬間、アストラル界に移行することができるのです。

人間は神によって裁かれるべきであり、神が物事を決める、という概念や、自分は価値のない存在だというようなものの見方をしていると、トラップにはまってしまいます。これこそ、支配したい側のETたちが、人類に植えつけた概念。ですから、トラップにはまらないためには、僕たちがもともともっている観念や概念を変えることが大切です。

2019年10月号掲載

Q2 ホームスター＝故郷の星は、変わることもある？

私たちは、この宇宙を旅している存在ですが、地球人としてアセンションすると、地球がホームスターになるのですか。

A 僕たちは、それぞれの魂グループを統括する「マスターソウル」と、意識的または無意識的にコミュニケーションをとり、情報を受けとりながら、それぞれのカルマの解消やテーマの完遂のために、ここ地球で活動しています。このマスターソウルは、ホームスター（故郷の星）に属しています。

僕たちが幽界を超えてアストラル界に行くと、マスターソウルに融合します。そして、次の転生の計画を練るのですが、「次は別の星に生まれたい」「扱うテーマを変えたい」などの意志も反映され、次の行き先が決まります。

このように、ホームスターを拠点に、宇宙のさまざまな星やエリアを旅している僕たちですが、たとえば、プレアデスがホームスターの魂が、シリウスに滞在したら、すごくよかったとしますよね。すると、その魂がシリウスの波動に染まっていくことはあります。たとえていうと、東京から金沢へ旅をして、「すごくいい街だから、ここに住みたい！」と思って引っ越すような感覚です。そのようにして、ホームとなる拠点の星が変わっていくこともあります。

なかにはホームスターに属さず、流浪の民のような魂もいますね。

将来、地球がアセンションを遂げて、新生地球になった暁には、地球がホームスターになる魂も出てくる可能性もありますね。そのときにはまったく別の惑星になりますし、まったく違う魂たちが地球に入ってくることになります。ただ、いまの地球人の多くは、アセンションを経験して最終的に解脱し、地球を抜けると、それぞれのホームスターへと還ることになるでしょう。

僕自身は、地球には1000回以上、転生しています。レムリアや古代エジプト時代の神官、陰陽師、チャネラー、占星術師なども多かったですね。そのとき魂の探求するテーマによって、どんな系統に生まれ変わるのか異なります。スピリチュアルな分野に関わっていなかった人生もありましたが、転生のたびに、シリウスが自分のホームスターだと自覚していました。つまり、魂の記憶をもつワンダラーとして生まれています。

そして、今回で地球はおしまいです。アセンション後の地球で、並木良和としての生をまっとうした後は、よほどのことがない限り、地球には来ないでしょう。マスターソウルとともに、次なる具体的な計画を立てますが、いまそこはかとなくわかっているのは、眠っているほかの惑星の教育に従事する、新たなステージへと進むことになりそうだ、ということです。

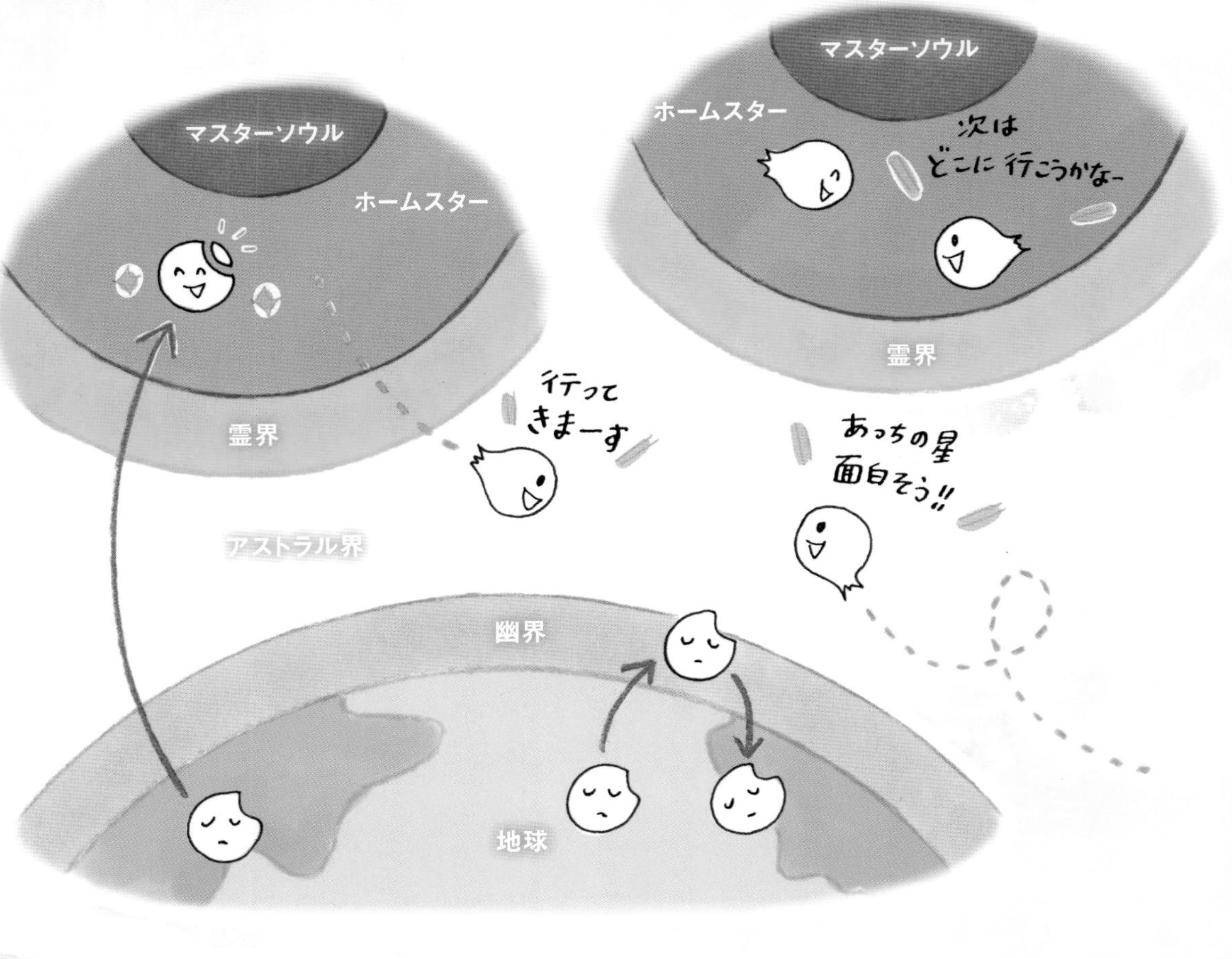

ご先祖、ガイド、マスターとの関わり方も大きくシフトするQ&A

眠りから目醒めへ、
魚座時代から水瓶座（アクエリアス）時代へと
宇宙サイクルが大きく変わろうとしている時を迎え、
これまで私たちを霊的に守導してくれた
ご先祖、ガイド、マスターたちとの関わり方も変わっていきます。
これから彼らと、どんな関係を築けば
より心地よく幸せに生きられるのか、
目醒めた生き方を提唱するシリウスのメッセンジャー、
並木良和さんにお聞きしました。
移行期であるいまは、
「オールドタイプ」と「ニュータイプ」のちょうど端境期。
いままでのサポートや導きに感謝をおくりつつ、
軽やかに爽やかに、新しい風に乗って生きましょう。

Q① 水瓶座時代は、私たちのガイドも変わるのでしょうか？

A 主にご先祖に導かれていた時代から、自分自身で舵をとる時代になります。

これまでの魚座の時代では、子孫を導く力を得たご先祖の魂が、ガイドとなることが多くありました。

たとえば、「私はアーティストになりたいから、その道を拓いてください！」とガイドにお願いしても、ご先祖は「アーティストで成功できる人はほんのひと握り。医者の家に生まれたのだから、医者になりなさい」と、医者になるよう導こうとします。これは、ご先祖が悪いわけではなく、ご先祖からすれば最大の愛のつもり。自分の子孫たちが誤った道に進まないように、導こうとしていただけですから。

でも、この魚座時代のシステムは、魚座時代にのみ機能するのであって、水瓶座の時代には機能しません。それなのに、僕たちがいつまでもご先祖やガイドに「助けて！」と、頼っていては、彼らを同じ位置にずっと縛りつけてしまうことになります。

このシステムの構造は、「助けてほしい」「助けたい」という、縦の構造だったんですね。でも、そのシステムももうおしまい。これからは、縦ではなく、仲間意識でつながる〝横の構造〟に変わります。そこにあるのは、「共同創造」という意識です。

これからは、ガイドとつながりたいのであれば、自分の成長のため、そして水瓶座という新しい時代へ移行していくためのサポートをお願いするとよいでしょう。

水瓶座時代では、完全なる自己責任のもと、自分自身が舵を取り、現実の創造者となります。

「私は私のやりたいことを最大限やります！」と、覚悟を決めた意識の人に対しては、直接のガイドだけでなく、これからの時代の神々やマスターたちも大いにサポートしてくれます。さらにいえば、ガイドを含め、マスターや神々が、あなたの「共同創造者」となるのです。

その仲間意識こそ、ワンネスにつながるということ。僕たちがこの意識でいるとき、どこまでも波紋のように広がり、同じ意識の人たちが新しい時代へと移行するでしょう。

2020年8月号掲載

それぞれが光の方へ

ご先祖との連帯

Q2 未成仏のご先祖に対して、供養は必要ないのでしょうか？

A ご先祖と子孫がそれぞれの光の道を歩むことが供養となるでしょう。

これまでの時代では、肉体を脱いだ後に成仏できず、幽界にとどまっていた魂に対して、子孫は、光の世界である霊界や魂の親ともいえるマスターソウルへと還っていただくために、〝供養〟してきました。しかし、供養とは古いシステムです。

たとえば、「これはおばあちゃんの好物だったから」と、仏壇に手を合わせながら、どっさりお供えしますよね。でもこれは、おばあちゃんの魂を現世にとどめる〝執着〟を生んでしまうことも…。

ここで大切なのは、子孫である僕たちが意識を変えることです。「これからは、おたがいに光の道に進みましょうね」という意識になると、連動してご先祖たちの意識も変わり、幽界にとどまっていたご先祖が、光の世界へと上がっていくことになるのです。この意識こそが、これからの時代において、本当の意味での供養となるでしょう。

供養が必要なくなったもうひとつの理由に、「幽界システム」そのものが消滅したことが挙げられます。

かつて地球は、宇宙の支配的な種族による巨大文明の流刑地として使われた歴史があり、その際、魂が本来還るべき霊界やマスターソウルへと還れなくするためのトラップとして、幽界が設けられました。

そのため多くの魂は、魂の記憶を忘れたまま幽界と地上を行き来する「輪廻」をくり返していたのです。これが、幽界トラップです。

この幽界システムが、高次存在の働きによって、現在はほぼ壊されているので、肉体を脱いだ魂はそのまま霊界やマスターソウルへ還り、魂の記憶がある状態で、魂のテーマや目的に合った星へと「転生」できるのです。

万一、いまだに幽界があると思いこんでいる魂がいたとしても、天使などの光の存在のサポートにより、その先の霊界やマスターソウルへ還れるしくみが確立されているので、次第に、本来の道へと進んでいくことになるのです。

転生にも2種類ある！

「魂情報のコピペ」と「分け御魂」の違い

生まれ変わりをくり返してきた私たちは、たくさんの過去世を経験してきました。その経験を記憶している人もいるかもしれません。または、ある土地を訪れたら記憶を思い出すというケースもあることでしょう（並木さんの過去世の記憶は、P90からの「聖地への旅」でお楽しみください）。その過去世には、“コピペ”転生システムが働いているそう。さらに、それと似たしくみとして「分け御魂」も存在するといいます。過去世（転生）の概念や魂の記憶にも、2種類ある、ということです。よく似た転生システムと分け御魂の違いについて、並木さんに教えていただきましょう。

効率よく情報共有できる “コピペ”転生システム

僕の地球上での転生の回数は、1000回を超えます。人間の中ではかなり多いほうですが、それだけ人間としての経験を積むという役割が僕にはあったのです。

ただこの1000回の中には、「記憶をお借りする」過去世も含まれます。つまり、マスターソウルにアップデートされた、ある人生の記憶のデータをピックアップしてダウンロードできるんです。ですから、実際に1000回も生まれて死ぬまでを経験したのではなく、マスターソウルに上がっている記憶を、自分の役割のために借りるということ。その記憶を“コピペ”（コピー&ペースト）して情報共有するしくみは、厳密には転生とは異なります。

実際に、生まれてから死ぬまでの人生を経験したオリジナルの魂は存在します。オリジナルの魂は、転生してその人生を経験した、ということです。でも、実際の転生ではなく、過去世をコピペするというしくみも、僕たちは必要であれば使うことができます。

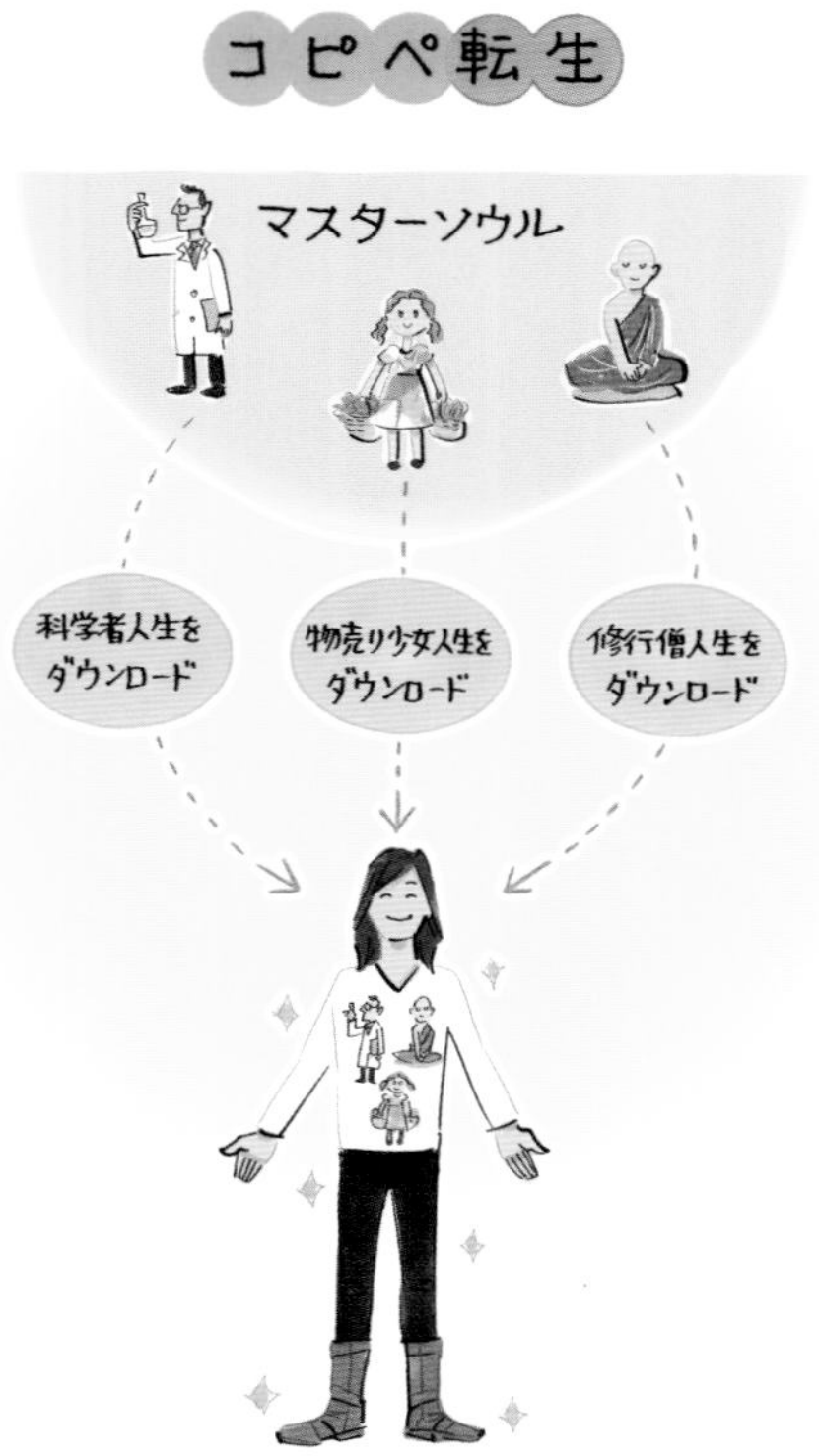

必要な数だけ経験を積むための “分け御魂”システム

似たようなしくみとして、「分け御魂」があります。分け御魂とは、簡単にいうと「分身」です。つまり、マスターソウルからバンッと分かれて散り散りになり、それぞれの人生を経験します。このしくみだと、A・B・C・D……と違う人生を経験できるので、効率的です。そして、それぞれの経験を持ち寄って、マスターソウルで統合するんです。

ここで大切なのが、どこに意識を置くか。一つひとつの人生を経験していた魂が“本当の自分”なのではなく、統括しているマスターソウルこそ“本当の自分”なのだと意識することが大切になってきます。そこが本当の自分だと知りながらも、あるテーマを共有して、それぞれの場所で経験を積むことで、そのテーマを多角的に学ぶことができるのです。

これが、「多次元的な自己」ということ。ですから、分け御魂には自分のフューチャーセルフ（未来世）だって含まれるわけです。なぜなら、時間軸も次元も同時に集約できるのが、分け御魂のしくみだからです。

僕には、地下都市「テロス」に住んでいる分け御霊がいます（詳しくはP102〜103参照）。同時に違う人生を経験していますが、情報共有はいつでもできます。

皆さんの中にも、分け御魂が存在している人もいることでしょう。自分はいま日本人だけど、分け御魂がフランス人だったり、全く違う職業として、たとえばアーミーだったり……。そうすると、なぜかフランスに惹かれたり、小さい頃から戦争映画が好きだったりするんです。分け御魂とはいえ、年齢や性別が違うこともあります。人によって、分け御魂の数はそれぞれ。

そのようにして、僕たちの魂は地上での人間としての経験を、必要な数だけ積むことができるのです。

死は怖れるものではない！

死との向き合い方

肉体を持った人間として生まれた以上、私たちにつきまとう「死」。

魂と離れ、本来の自分を忘れて生きることで、私たちは感情を味わい、

“有限”の意識として、人間として経験を積んできました。

どっぷり人間としての意識に浸るうちに、私たちは「死」に対して恐怖感を抱くようになったのです。

なかでも、宗教によって死生観が植えつけられる経験も大きかったことでしょう。

私たちが本来は、肉体を持った有限の存在ではなく、無限の魂であることを思い出すとき、

「死」との向き合い方は180度変わります。

魂の自分を思い出しつつある私たちに、死のとらえ方について、
並木さんからのメッセージをお届けします。

並木さんからのMassage

僕たちは、どんなことがあっても、
寿命までは死にません。
現在の地球では、魂が肉体を抜けるのに、
何らかのショックが必要です。
コロナで亡くなる人は、寿命を迎えたとき、
魂が抜けるきっかけがたまたまコロナだった、
ということなのです。
いまの時代、いつ何が原因で肉体を脱ぐかわかりません。
本当の安心は、覚悟から生まれます。
覚悟を決めるからこそ、
いまを精いっぱい生きることができるわけですよね。
そして、物質界を卒業した後も、
僕たちの魂の進化の旅は、
ずっと永遠に続いていきますし、
縁ある魂は再び出会うことができます。
ですから、本当は何も怖れることはないのです。

2020年4月号掲載

MESSAGE from Master

レディ・ナダ

Lady Nada

偉大な愛の司祭。
マグダラのマリアの高次意識で、聖母マリアと同じソウルグループに属している愛の深いマスター。

偉大なる変容のプロセスにチャレンジする勇敢な意識たちに、敬意と感謝の意を表します。

あなた方はいま、この地球という、またとない成長の機会を提供してくれる惑星に生まれ、
これまでのどの時代にも成し遂げることのなかった
大いなる変化を遂げようとしているのですから。

さて、あなた方は覚醒と聞くと、どのようなイメージが喚起されるでしょうか？

多くの人が、とても大仰で大層なものだと思っているかもしれませんね。

ですが、覚醒とは「ただ、本来のあなたを憶い出すこと」に過ぎず、
何よりも、本来のあなたはすでに覚醒した存在そのものなのです。

つまりあなた方は、これから別の何かになるのでも、知らない何者かになるのでもなく、
「懐かしい本質のつながりに出ていくだけ」なのだ、と言ったらどう感じますか？
それほど簡単なことなのだということが受け入れられますか？

創造主の分霊である、あなた方が簡単だと思えば、それはその通りになりますし、
難しいと思えば、それも真実になります。
そろそろ、あなた方が自分で自分に掛けた魔法を解く時を迎えています。
あなた方は偉大なマスターなのです。
そのマスターが、まるで自分には力がないかのように感じ、無知であるかのようにふるまい、
限界があるかのように存在するには相当に高度な魔法が必要だったのです。

私のお話ししている意味がわかりますか？
そう、それだけのパワーを有するあなた方が覚醒することは、
本当は「指を鳴らすがごとく簡単」なことなのです。

そろそろ、本来の意識に目醒め、マスターとしての威厳を取り戻すときです。
その奇跡に満ちた旅を楽しんでいただけたらと思います。

私は、レディ・ナダ。
聖なる魔法で、あなた方の目醒めを促す者です。

第5章

高次元存在とET

僕たちが
肉体を持ちながら
目を醒ますという
すごいことをやっているから、
宇宙存在が皆、
固唾を飲んで見守っています

人類の目醒めを見守る宇宙存在

〜アセンションプログラム対談〜

**アセンションを目前に控えた私たち人類には、とてつもなく強力なサポーターがいます。
それが、「アセンデッドマスター」と呼ばれる高次元存在や宇宙存在たちです。
私たちに惜しみない愛を注いでくれている彼らと、どのように関係性を築いていけるのでしょうか。
日頃からマスターたちとコンタクトをとる並木さんに、宇宙存在についてお答えいただきましょう。**

宇宙で他に類を見ないほど深く眠り込んだ地球

編集長（以下、中田）　私たちは、外向きに意識を使って眠ってきたということですが、それは地球の周波数に合わせていたからなんですね。

並木さん（以下、敬称略）　本当は、目を醒ますほうが、眠るより簡単なんですよね。すべてがわかっていた意識が、どうやってそこまで眠ったの？…と宇宙の存在たちも皆言います。眠っている惑星は他にもありますが、ここまで深く眠っているところはありません。

中田　それが一気に光の世界に行こうとしているという、落差がすごいですね。

並木　そう、すごいことをやるから、宇宙存在が皆、固唾《かたず》を飲んで見守っているんです。霊視すると、地球を取り巻くように宇宙船が滞空しているのがわかるんですよ。

中田　宇宙船の滞空といえば、ここ最近、ＵＦＯがあちこちで目撃されているようです。

並木　この数年のうちに、地球外の生命体たちが存在するという事実が公になると思います。そしたら、みんな意識が一気に宇宙へ向くでしょう。

　地球は鎖国状態なんですよ。いわゆる「宇宙連合」というのは本当に存在していて、地球がアセンションを遂げた暁には、宇宙連合の中に加盟していくことになります。

　そうすると、地球外の生命たちがこの地球へやって来ることになるんですね。まだ公表はできないですが、どの星やどの文明と交流するかも、すでに決まっています。

　プレアデスやシリウスは、地球の親のような惑星で、地球には並々ならぬ愛情を持っていますね。彼らは昔、遺伝子操作が行われたとき、地球人を愛するがゆえに介入しすぎてしまい、カルマを作ってしまいました。だから、いまはすごく慎重になっています。

中田　いままでの地球人はプレアデスの庇護下だったのが、これからはシリウスに移り変わるというのは本当ですか。

並木　はい。シリウスが、いまこの地球のアセンションにすごく関わってきているんですね。シリウスはヒューマノイドですが、宇宙の仲間たちの中には、カマキリのような種族もいます。そういう事実を受け入れられる意識になっていかないと、彼らは地球にやって来れないんです。巨大なカマキリが来たら、皆どうします？　卒倒するか、軍隊が出動して戦おうとするでしょう？　僕たちの中には、まだ恐怖の周波数がありますから。

２０３８年頃から、ついにオープンコンタクトが始まる

中田　宇宙の存在は、地球のアセンションが完了しないとやって来ないのでしょうか。

並木　この地球が5次元に安定化する２０３２年から３３年頃を超えて２０３８年くらいになると、いよいよ宇宙の存在とのオープンコンタクトが始まる、と上からは聴いています。

中田　地球を支配しようとする存在も実際いるんですか。

並木　いわゆるネガティブサイドは存在します。そういう存在に対しても、統合システムを使って自分をシフトアップさせていけば、触れ合うことはなくなります。

中田　光側の宇宙存在は、ネガティブサイドの存在をわかってはいても、周波数が合うことはない？

並木　はい。昔、オリオン大戦というものが、実際にあったんです。オリオンは分離の極を体験した惑星。そこから逃げ出した人たちが、シリウスを作ったんです。

中田　大戦も、いずれ終わるときが来る…必要があってそれを経験しているという？

並木　そうです。大規模な宇宙戦争であっても、結局のところ、どうするのがベストかといったら、自分を統合していくことなんです。

2018年12月号掲載

高次元のしくみQ&A

Q1　人間を地球に派遣するための、コントロールセンターのような場所はある？

A　地球の近くに、多次元宇宙ステーションが存在しています。

　この地球は、かつて存在していた「ティアマト」という名の惑星が崩壊したときの破片からできています。ティアマトの残骸はベルト状になって、いまの地球の近くに物理的に存在しています。その次元を隠れ蓑とする「宇宙ステーション」があるんです。そこは、地球へ生まれる前の魂をはじめ、いろいろな惑星の存在たちが一度に集える場所で、ちょうどハブ空港のような感じですね。

　そこでは、これから地球へ降り立つことを決めた存在や、生まれ変わりを予定している意識たちが、先輩たちからレクチャーを受けたり、情報交換をしています。また、地上で先に役目を終えた意識たちが立ち寄り、地球の情報を提供することもありますね。意識体だけの存在もいれば、いわゆる肉体をもっている存在もいます。

　さまざまな惑星、さまざまな次元の存在たちが出入りできる場所であり、マスターたちも入れます。「多次元コミュニケーションの場」と思ってもらうとよいでしょう。

　実際に、僕も2〜3年ほど前、今生の並木良和としてこの宇宙ステーションに行ったことがあります。そのときは、シリウスやプレアデスの仲間たちに会いに行きました。肉体を持つことで生じるブロックや、地上で生きることの大変さに対して、仲間たちが労《ねぎら》って激励してくれました（笑）。

Q2　高次の星の教育法を教えてください。

A　シリウスでは、エーテル状のクリスタルで、知識や情報をダウンロードします。

　地球では、とりあえず大学に入って、自分の道や可能性を探す、ということがありますよね。僕の故郷であるシリウスでは、そういったことはいっさいありません。

　シリウスでは、全員が生まれたときから、自分やおたがいの特性や得意なことを明確にわかっています。オーラを読み解くことができるからです。そのため、この子は芸術家として、この子は科学者としてなど、それぞれに適した教育を受けることに。子どもも、自分が何をすべきか自覚しているので、この教育法は無駄がないといえます。

　授業では、エーテル状のクリスタルを使うこともあります。新しい知識を習得するとき、情報を記憶したクリスタルを使ってダウンロードします。

　映画『マトリックス』で、主人公が脳に直接操縦法をダウンロードする場面がありましたよね。まさに、そんなイメージです。

　必要ない情報はアンインストールできますので、覚えるために何十時間も勉強したり、苦労や努力をする必要がありません。教育面も、楽しさだけの世界なんですよ。

2020年3月号掲載

神々はETだった！Q&A

Q1 アセンデッドマスターはET？

マスターたちは、霊的存在であるとともに、ETであるというとらえ方もできるのでしょうか。もしできるとしたら、マスターが属している星系などをお教えください。

A

マスターたちは、ETの意識です。ただ、僕たちは多次元的に存在していますから、一直線の時系列として、各マスターが属している惑星をひとつに特定することは、とても難しいのです。マスターたちの存在が多次元にまたがることを踏まえたうえで、それぞれ縁の深い惑星を挙げることはできます。

●マスター名●	●属している星●
アシュタール	アルクトゥルス
サナトクマラ	金星

＊アシュタールとサナトクマラは同一ですが、ある次元でアシュタールとしてアルクトゥルスへ移動しています。

●マスター名●	●属している星●
イエス	アルクトゥルス
マグダラのマリア	アルクトゥルス
ブッダ	アルクトゥルス
エルモリヤ	金星
観音	金星
聖母マリア	金星

＊観音と聖母マリアは密接につながっています。

●マスター名●	●属している星●
セントジャーメイン	金星

●マスター名●	●属している星●
ルシファー	金星
マーリン	海王星
ヤハウェ	ニビル
エホバ	ニビル
アマテラス	太陽
アマミキヨ	太陽
瀬織津姫	シリウス
菊理姫	シリウス
空海	プレアデス

＊惑星ではありませんが、月とも関わっています。

Q2 世界の各民族や宗教によって、縁のあるETは異なる？

民族神や宗教神がETだとしたら、その神々や民族にはETの性質が反映されているかと思います。日本の神社には多くの神さまが祀られていますが、それは日本が多くのETを受け入れたということでしょうか。

A

一神教のような場所には、特定のETたちの介入があったといえるでしょう。もちろん、ETたちがエゴにまみれた人間をゆさぶって、背後から操り、人間に実行させるという形で介入することもあります。

縁のあるETを分類するのであれば、レムリア系かアトランティス系かで分けることはできます。「レムリアの民」と呼ばれる存在たちは、プレアデスやシリウス、琴座などからやって来た意識です。高いサイキック能力も維持しながら、ワンネスの意識の中で存在するという楽園を、地球上で作るという“実験”をしたかったのですね。

その後のアトランティスには、オリオンのネガティブ側の意識やニビルの存在も加わりました。

あらゆる種族の集合体であったレムリアが存在した日本は、許容量がとにかく大きいのです。

たとえば、古事記には、ET種族たちとの関わりが反映されていて、八百万の神々にも、あらゆるETたちが混ざっています。神話として描かれているような主権争いもありましたが、基本的に日本は博愛主義であり、何事においても寛容です。

日本はまた、ユダヤのヤハウェやシュメールのアヌンナキとも関わりがある、宝の山でした。日本人は、可能性を秘めた人種として、いろいろな種族に目をつけられていたのですね。

そこには、日本独自の精神性や土地のバイブレーションも関わっています。ヴォルテックスができていたり、特殊なエネルギーが集合している。それに惹かれたETたちがやって来て、DNAを掛け合わせることにより、どんどん進化を遂げたのです。

2020年10月号掲載

目醒めの時代を担うマスター

目醒め時代のマスター Q&A

眠りの時代の主なマスターたちは、目醒めの時代の主なマスターたちのサポートにまわります。ほかのマスターたちは、それぞれ進化するために別の宇宙へ移動する存在も。

Q① 目醒めの時代になると、マスターも変わるって本当？

A 眠りの時代のマスターは任務を終了し、自身の学びの道へと進んでいくでしょう。

皆さんによく知られているマスターたちは、眠りの時代に〝主《おも》〟だったマスターたち、といえます。

たとえば、イエス、ブッダ、聖母マリア、日本でいえばイザナギ、イザナミ、空海など、いまこのアセンションという大きな成長プロセスをサポートしている存在たちがそうです。とはいえ、彼らは基本的に、目醒めの時代へ移行しても、主要なマスターとして存在し続けるでしょう。

なかでも大天使ミカエルは、魚座の時代を司っていた代表でした。時代が水瓶座に移行した際、大天使ミカエルから役割を受け継いだのは、セントジャーメインです。これからの2千年間は、セントジャーメインが時代を司るので、彼は目醒めの時代の代表的なマスターといえますね。

では、大天使ミカエルはお役御免となり、今後いっさい僕たちに関わらないのかというと、そうではありません。ただいままでの役回りを終えて、新たな位置づけになるということです。

眠りの時代にある役割を担っていたマスターは、眠りの時代が終わるとともに、その任務は終わりを迎えます。それまでは任務を担当することで、マスター自身の成長につな

2020年8月号掲載

がっていたわけですが、その役割が解約される。するとこんどは、マスターたちも自分の新たな道を進んでいくことになります。

　マスターの中には、こんどは地球ではないほかの惑星での任務を引き受ける存在もいます。そのようにして、それぞれが、また違うステップを踏んで、学びや成長へと向かうのです。

Q2 目醒めの時代のマスターは、どんな存在？

A いままで裏方だった神々や、マスターが新たな導き手となります。

いままで表に出てこなかった神々や、肉体を持った経験の少ない存在たちも、新たなマスターとして導き手になります。

　名前を挙げると、先述したセントジャーメインを筆頭に、キングソロモンや、マーリン、日本の神々でいえば、セオリツヒメ、ニギハヤヒがこれからの新たな時代のマスターになります。

　マーリンは、あらゆる自然界の事象や森羅万象に通じているマスターです。非常に知識が豊富で、叡智をもっています。特に数秘に長けていて、この宇宙をすべて数字で解くことができるほど。マーリンは、どんな種類の質問であっても、私たちに誠心誠意答えてくれます。学ぼうとする意識にとっては素晴らしい先生ですが、厳しさも持ち併せているので、中途半端な学びの姿勢では、見向きもされません。

　そのほか、まるで天使のような純真無垢さと同時にパワフルさを持った存在たちもやって来ていますね。

　彼らは、イエスやブッダのように、この地上で難行苦行を体験したり、人間としての人生の大変さを体験しているわけではありません。天使と同じように肉体を持ったことがないか、肉体を持ったとしても数回のみ。とても波動の高い純粋な存在たちです。

Q3 新時代のマスターたちとつながるには、どうすればよい？

A 全体を含んだワンネス意識が、目醒めの時代のマスターとつながるためのコツです。

すでに目醒めのマスターたちとの関わりは、始まりつつあります。だからこそ、彼らとつながる意識を〝意図的に〟持つことがとても大切です。

　それにはまず、「自分は眠りの時代から目醒めの時代へと移行していく」と明確に決めること。その後、目醒めのマスターたちに意識を向けていくだけで、目醒めの時代へ移行するためのサポートを受けることができるようになるでしょう。

　眠りの時代を司っていた大天使ミカエルをはじめとする天使たちは、「願いをかなえてくれる存在」と表現されることがありますが、彼らの任務も本当は、人間の願いをかなえることではなく、アセンションのプロセスをサポートすることでした。

　僕たちはプロセスを歩むうえで、人間特有のつまずきを経験することがありますよね。健康のこと、恋愛のこと、お金のこと……。

　それら目の前のことにつまずいて先に進めないとき、天使たちは「じゃあ、お金の部分は私たちが何とかサポートするから、あなたは早く本来の位置まで進みなさい！」と、後押ししてくれていたのです。

　これからの目醒めの時代のマスターは、いままでとは異なり、ご利益ばかり求めたり、個人的な願いごとをしていては、耳を傾けてくれません。なぜなら、これからは全体性、つまり「ワンネス」の世界になるため、そこに至る意識としかコンタクトをとらないからです。ですから、どんなに取り繕ったとしても、自分のことしか考えていない意識の願いは、届かなくなります。

　これまでは、人間の欲望を搾取するような、闇の存在たちも確かにいました。実際に神社へ行くと、真っ黒いエネルギーが渦巻いているのを目にしたことがあります。その正体は、人間の念や欲望。それらが、波長の法則により、似たようなエネルギーがくっつき合って育ち、大きな渦にまでなっていたのです。

　これからの目醒めの時代へ移行する僕たちは、ワンネス意識から祈る

ことが鍵となります。たとえば、「豊かになりたい」と思ったとき、「世界中のすべての人々が豊かになりますように」という祈りを捧げると、全体をとらえた意識からの祈りになるため、目醒めの時代の神々やマスターたちに届きます。

この〝全体を視野に入れた意識〟になっていくことこそが、目醒めです。逆にいうと、目醒めとは、ワンネスというつながりへと移行していくプロセスですから、願うことや行動が、意識せずとも〝全体〟を含んだものとなるのです。

もちろん、すべては周波数ですので、僕たちの祈りや願いのエネルギーを、神々やマスターたちはすべてお見通し。ですから、「全体の幸せが自分の幸せ」という意識になれるくらいまで、自我やエゴを解消し、執着を手放していくことが大切なのです。

Q4 私たちもマスターに進化する?

A マスターとあなたは、対等かつ神聖な存在。その意識により、分離ではなく統合へと向かうことができます。

もちろん、僕たちもマスターになるべく成長しています。「マスター」と呼ばれる状態になるには、6次元以上になる必要があります。

6次元以上を保てるようになって初めて、「ジュニア・アセンデッドマスター」と呼ばれる存在になるわけです。

アセンデッドマスターと呼ばれる存在は、7次元以上の存在です。守護天使と呼ばれる存在たちは、7次元の下位層にいます。次元には、それぞれ層があるんですね。

いま僕たちは、3次元から5次元へ移行するプロセスにありますが、5次元ではまだ肉体を持っています。もちろん3次元より密度は薄くなるので、より透明感も出てきますが、物理的にはまだ触れられる状態です。それが、6次元、7次元と進んで

意識進化のプロセスと次元の層

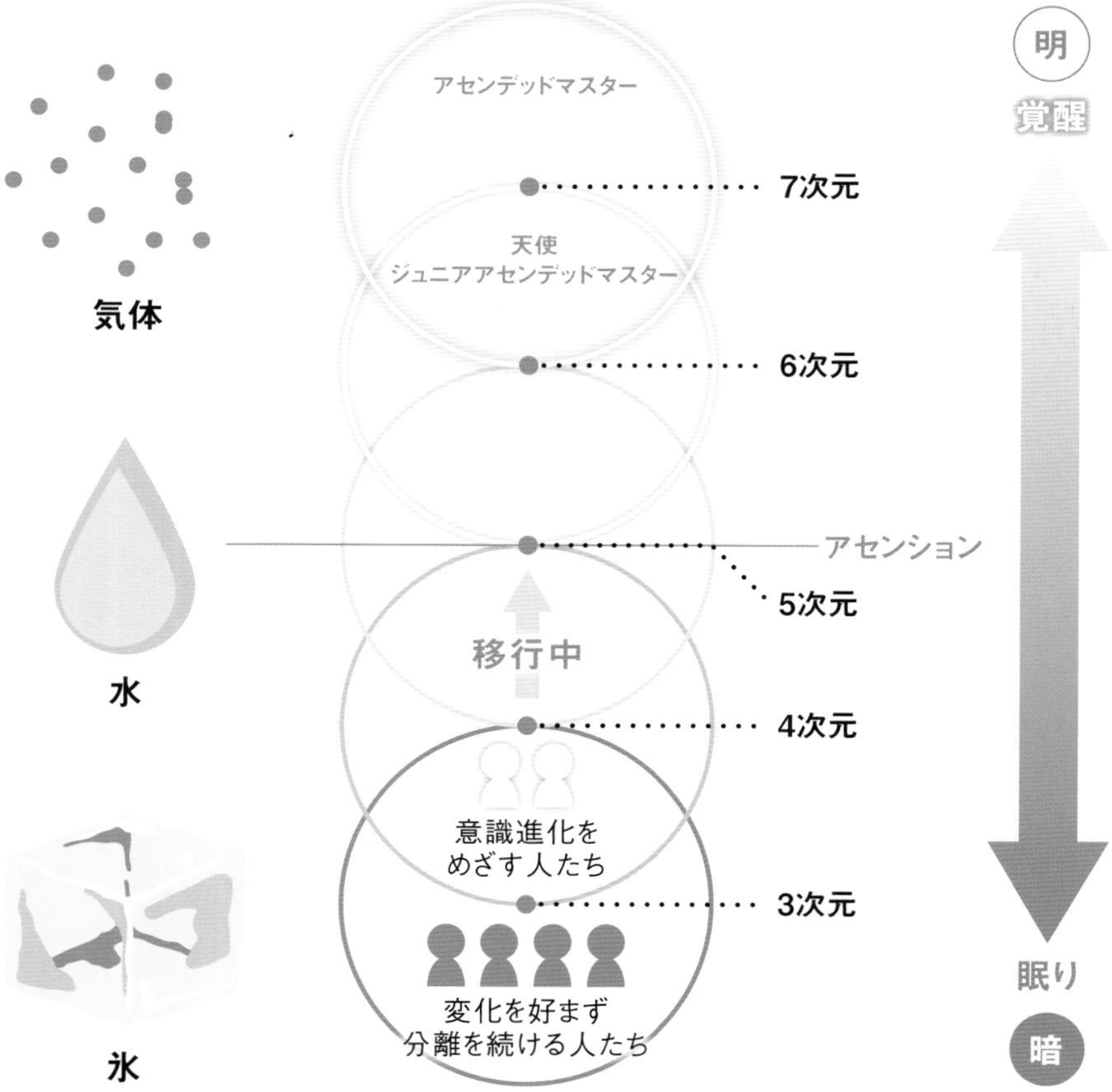

「“次元”とは単に役割の違いであって優劣ではない」と並木さんは言います。進化のプロセスとしては、上へ上へと移動していきますが、水に例えていうと、固体である氷と気体である水蒸気は、状態（役割）が違うだけで、本質的には同じものなのです。

いくほどに、もっと密度が薄くなり、気体化します。7次元になると、意識によって、自由自在に非物質化させたり物質化したりできるようになります。ですから、物質的な存在ではなくなるわけですね。

マスターも天使も、6次元から7次元へ、7次元から8次元へと移行します。それが、進化のプロセスです。

ただこの〝次元〟とは、単に役割の違いであって、優劣ではありません。下の次元にも、存在がいないと困ってしまいます。

なぜなら、肉体を持つ僕たちとあまりにも周波数が違う次元にいる存在とは、コンタクトがとれないからです。

僕が初めてイエスとコンタクトをとったとき、「私とあなたは友人である」と言われました。でも、顔が見えないくらい光り輝いているし、世間では「イエスさま」と崇められている存在ですから、「友人なの？」と最初は思いましたが、偉ぶる姿勢はいっさいなく、いまも本当にフランクな存在です。

イエスだけでなく、僕がコンタクトしているマスターたちは、押し付けや威圧感はいっさいありません。友人のような態度で接してくれます。

もちろん、そこには、ベースに相手への敬意と感謝があることが前提です。そのうえで、崇め奉《たてまつ》る存在としてではなく、自分と対等かつ神聖な存在という認識でつながることにより、統合意識、つまり目醒めの時代の「一体という全体性」へと移行することができるでしょう。

崇め奉るはもうおしまい！

これからの神との関係性

目醒めの時代に突入したいま、これまでの支配構造が崩れるに伴って、神との関係性の概念を刷新する時を迎えています。神々を崇め、祈ってきた私たちは、これからどのように神をとらえていくことができるのでしょうか。並木さんにお答えいただきます。

ワンネス次元への移行を前に、神という概念を変えていくことは、とても重要です。なぜなら、神を崇め奉る概念は、刷りこまれた分離意識だからです。

人類を創造したETたちは、このように人類に教えてきました。

「あなた方は神という存在からすれば、下の存在です。単なる人間であり、罪深き人間です。神とはまったく違うのです。ですから、救われたいのであれば、神という大きな力に従いなさい」

なぜこのような、上下の立場というヒエラルキーを植えつけてきたのかというと、コントロールしようとした宇宙種族たちには、無価値観から生じる分離の意識があったからです。支配構造によって、自分たちが優位に立つことで、下の存在たちが豊かではなくなり、無力感にさいなまされるのを見て、喜んでいたわけです。自分より下の者が存在しないことには、支配構造は成り立ちません。そのため、自分たちが神である、または神に近しい者であるとして、神と人間は格が違うし、もともとの造りが違うのだという概念を刷りこんだのです。

本来の統合された高次存在には、上下や優劣という分離意識がありません。ワンネスという意識のみなので、すべて平等であり、すべてがひとつです。ですから、僕たち人類は“神”という概念を根底からひっくり返していく必要があるのです。

もちろん宇宙は、落ちこぼれを出しません。そのため、ワンネスに至らず分離意識を抱えたまま、ヒエラルキーの世界を作ることでしか生きられないと思いこんでいたETたちも、いずれは必ずアセンションして源へ還るときを迎えるでしょう。

僕たち人間には、カルマがあります。カルマは、源から作り出されたものではありません。つまり、人間をコントロールしようとした存在たちが人類に罪の意識を植えつけたことにより、僕たちは自分で自分をジャッジするようになりました。それがカルマになったのです。ここで、自分でジャッジしない、また罪悪感という概念を変えることができれば、カルマにはなりません。

高い地点から見たら、オールOKなのです。すべてはこの地球周辺でくり広げられたドラマなのだと、認識することが大切ですね。

「ここには何の間違いもない。何の問題もない。これが完全である」

この意識こそ、統合され、宇宙つまり自分の本質と一体となった証拠です。この状態の根本には、大いなる流れがあり、それは不変で捻じ曲げられることはありません。

この天の川銀河には、地球のように生命創造の実験場になっている惑星もほかにもたくさんあります。今後は、人類が、惑星や銀河の創造に関わっていくことだってあるのです。つまり、皆さんの中に、銀河創造のプロジェクトに関わる人がいるかもしれないということです。

実際、宇宙飛行士たちの中には、大気圏の外へと抜けたときに「あの星は俺たちがつくったんだ！」と思い出して、その記憶を垣間見ることがあるらしいのです。そのときは、「全部わかった！」と、眠りから醒める体験をする。でも、大気圏内に戻ると眠りの周波数にまみれてしまい、また記憶を忘れて、もとの状態に戻ってしまうのですね。

この話を聞いたとき、「人間が銀河を創るなんて、そんな…」と感じるようであれば、その意識こそ手放していきましょう。僕たち人類は、ちっぽけな存在ではなく、とても偉大でパワフルな存在です。それを人類みんなが思い出すことが、目を醒ましていくということなのです。

2019年10月号掲載

MESSAGE from Master

聖母マリア

Virgin Mary

無条件の愛と
慈しみの化身であるマスター。

あなた方の夢が、希望が、つまり「想い」が、これからの世界を形創ることを、
いま一度、心に留めおいていただけたらと思います。

いま、世界を取り巻くエネルギーは、新たな時代に対応するべく、大きくゆらいでいます。
そのような不安定な流れの中、多くの人々が経験するのが、
落胆や絶望、そして身も世もない不安です。
そんなとき、先の希望や、叶えたい夢に関して想いを馳せるのは、
容易ではないかもしれません。
ですが、あなた方の「想いが、これからの世界を形創っていく」という真実を鑑みれば、
圧倒的大多数が、暗く重たい意識で未来を意識し続けるその先は、言わずもがな、でしょう。

地球はこれから、本当の意味で大きく変化していく惑星です。

そのとき、彼女（地球）は皆さんのサポートを必要とします。
なぜなら、この大いなる変容は、地球と、あなた方人類の共同創造だからです。

そして、いまというときが、まさに「これから地球という惑星が、
どのような方向性へと進化・発展していくのか」の鋳型が創られるときだからです。

だからこそ、周囲で起きている出来事にとらわれるのではなく、
あなた方の「内なる神聖なビジョン」にフォーカスし、
その内なる叡智に従って行動していただきたいのです。

あなた方は、創造主の分霊であるがゆえに、
この地球の最高の可能性を体現するためのブループリントも内包しているのですから。

それを活性化するために、まずは一人ひとりが自身の最高の可能性を生きるべく、
心からの希望や夢を胸に、日々、喜びの中に存在し続けてほしいのです。

すべては、あなた方一人ひとりから始まります。
あなた方の希望や夢が、新たな世界を創り出す鋳型になることを、
くれぐれも忘れないでください。

私は聖母マリアと呼ばれし者。
生きとし生けるすべてのものを慈しみ、育む意識そのものです。

第6章

地球人類誕生の真相

人類のＤＮＡは
あらゆる宇宙種族の遺伝子が入った、
ハイブリッドなのです

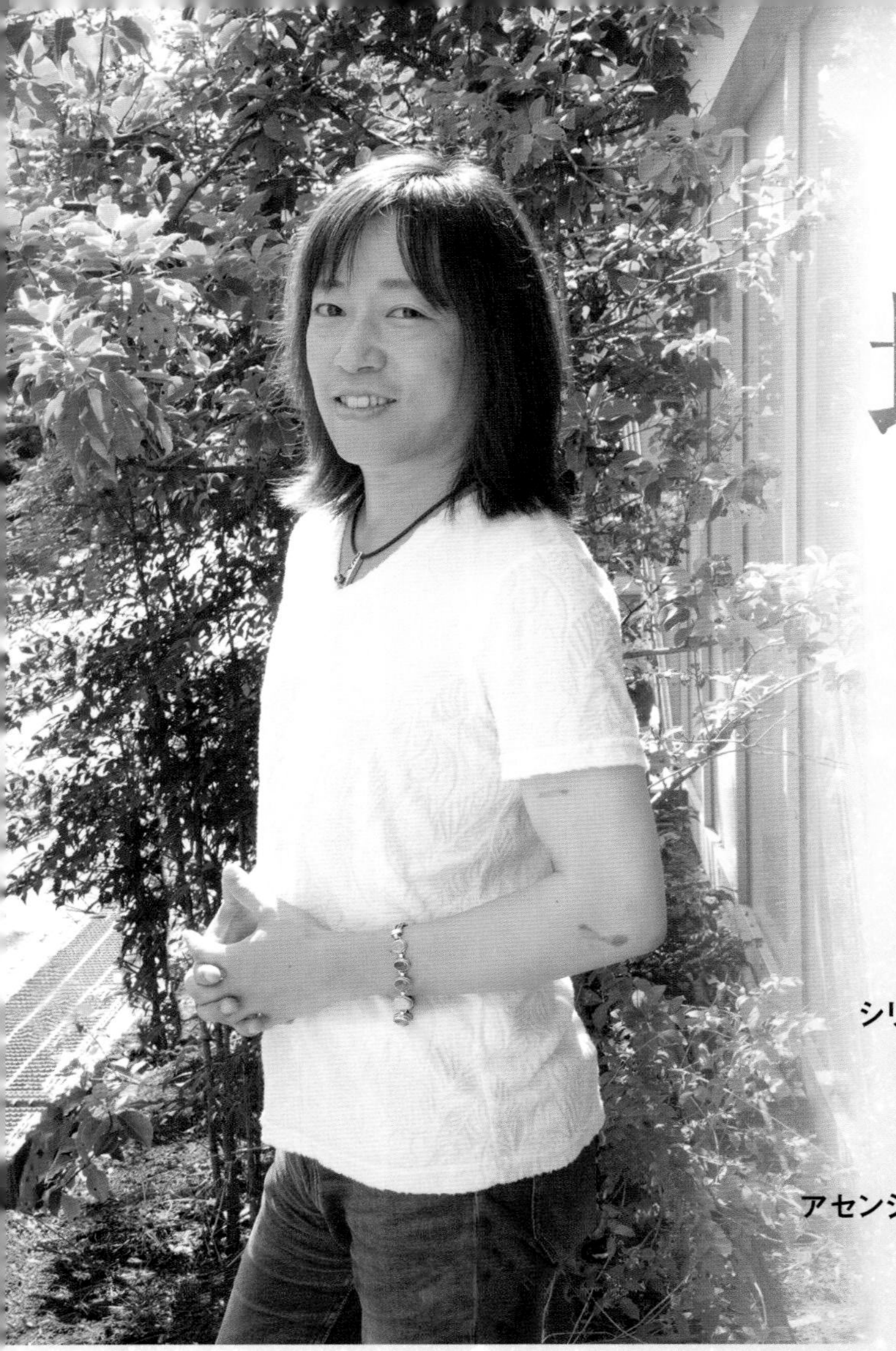

地球人類創造のQ&A

**シリウスBからやってきたワンダラーの並木良和さんは、
遥か太古の昔、地球人類を創造するグループに
参加していたといいます。
そして今回、人類のDNAに仕組まれた
アセンションコードを覚醒させ、人類の行く末を見守るべく、
最後の生として地球人に転生したのだとか……！
そんな並木さんに、地球人類の創造にまつわる
さまざまな疑問にお答えいただきました。**

Q1 この地球上で人類と呼べる存在の起源はいつ？

アカデミズムでは、2017年、現生人類ホモサピエンス・サピエンスの30万年前の化石がモロッコで発見されたのが最古とされていますが、その前にも別の人類がいたのでしょうか。

A 人類の起源を年代として特定するのはとても難しいです。なぜなら、人類の本当の歴史は、僕たちが学校で習ってきたものとはまったく違うスケールだからです。この地球に人類の原型が存在していた年代は、いまから数億年前にもさかのぼります。

いま、僕たちが体験しているこの人類は「ホモ・サピエンス」ですよね。地球上では、その前にも何種類か、人類の原型となる種族が存在していました。その中で生き残った存在が、ホモ・サピエンスです。まだ尻尾が生えた人類がいた頃の話ですが、5、6種類の種族が存在していました。

そのうち、この地球を進化させる可能性をもった人種であることを理由に、僕たちホモ・サピエンスが、生存する種族として選ばれたのです。ほかの種族たちは、地球を進化させる可能性が薄く、絶滅していきます。

地球を進化させるために選ばれた種族というのは、一説では猿といわれていますが、そうではなく、水棲の恐竜です。この地球にもともといた水棲の恐竜に、ETたちが遺伝子操作を加え、それが進化発展し、いまのような人間となりました。

そして、最初に中心となって遺伝子操作を行ったETとは、ニビル星の存在たち（アヌンナキ種族）です。僕たちの先祖にあたる水棲の恐竜に遺伝子操作が加えられたのが、大体40～45万年ほど前のこと。今後、さらに古い化石が発見される可能性があります。

2019年10月号掲載

Q2 人類の創造に関わったETたちの力関係は？

人類は、アヌンナキを中心に22種類のETたちのDNAが霊長類に組みこまれて創造された、と聞きます。彼らの編成や関係性はどのようであったのでしょうか。また、聖書でいう「エロヒム（天空から飛来した人々）」とは、彼らの総称ですか。

A

地球という惑星の資源、豊かな水や植物などの環境、そして波動自体を、ETたちはとても魅力的に感じていました。たとえば、僕たちがハワイの映像を見て、「ハワイっていいね！　ついでに別荘建てたいよね」というのと同じ感覚で、この地球を自分たちのものにしたい、この惑星でいろいろ試してみたいと思ったETたちが、生命の創造の実験場として地球に降り立ちます。

僕も最初は、地球が生命創造の地として参入可能なのかどうか、その調査のために、シリウスからやって来たメンバーの一人でした。最初に地球に降り立ったのは、約1億3000万年以上前です。

当初、地球での生命創造の実験の中心となっていたのが、ニビルの存在です。彼らはのちに地球を植民地化し、天文学や数学、音楽など、高度な文明を人類に与えました。

ニビルと同じように、地球を支配したい、コントロール下に置きたいと思って人類創造に着手したETには、ドラコニアンやレプティリアンがいます。彼らも、創造に関わった22種類のETたちの1種です。

この支配構造の中に、僕たち人類が取り込まれたわけですが、これも一人ひとりの魂の同意のもとに行われました。つまり、支配する側も支配される側も、ただ“支配”というものを経験したいがために、地球へやって来たのです。

しかし、そのプロセスや支配のあまりにもひどいありさまを見ていたプレアデスやシリウスの存在たちは、「魂が体験する機会」を奪ってはいけないことをわかっていながら、宇宙法則を侵して、地球を助けたいと干渉してしまったのです。これが、彼らのカルマとなります。その後、「自分たちはなんてことをしてしまったのだろう。宇宙から見たら、すべては完全なのに」と反省し、いま現在は、地球に手を差し伸べながらも、干渉しすぎないように、慎重にサポートしていますね。

そうしたプレアデスやシリウスの存在をはじめとするポジティブ側のETたちは、ニビルなど支配したい側の存在より後に地球へやって来て、生命創造に加わりました。

ポジティブETたちは、生命をクリエイションすること自体が喜びであり、地球の“支配”が人類創造の実験目的ではありませんでしたから、当然、ニビルをはじめとするコントロールすることを目的としていた種族たちとの攻防戦が始まります。

まず、ポジティブETたちは、すでに地球にいたニビルやドラコニアンと協定を結んで、遺伝子操作をさせてもらうため、わかりやすくいえば、彼らを騙します。じつは、シリウスは遺伝子工学の技術がとても進んでおり、そのレベルは他の惑星にも知れわたっていたので、ニビルや他の種族が遺伝子交配に苦労していたことを利用して、交渉を持ちかけたのです。「シリウスの遺伝子を提供するよ。その代わり、自分たちにも遺伝子実験に参加させてほしい」と。

そうして、シリウスやプレアデスの存在たちも人類創造に加わったので、人類のDNAはあらゆる種族の遺伝子が入った、ハイブリッドとなったのです。

ニビルにはエンリル派とエンキ派がいたという話があるように、同郷の星内でも派閥があり、またその頃は、オリオン大戦に代表されるように、すさまじい宇宙戦争がくり広げられてもいました。シリウスはもともと、オリオン大戦のときに戦争をしたくないからと、オリオンを去った存在たちが祖になっています。その意味で、シリウス人にも、オリオン人のDNAが含まれているのですね。それを思うと、人類のDNAには、いろいろな種族が混ざっていることがわかりますよね。

地球を救いたいという意図をもって、地球で生命創造に参加したシリウスやプレアデスなどポジティブ側の存在たちは、人類が真実に目醒められるよう、DNAに仕掛けをしました。それがまさにいまこの時期に、起動しようとしているのです。つまり、シリウスの存在たちにより、はるか昔に植えられた種が、いま吹き返そうとしているわけです。人類が真実を知るタイミングを、アセンションを迎えるいまこの時期に、設定していたということですね。

そのようにして人類を創造したETたちは、総称して「エロヒム」と呼ばれています。ですから、エロヒムとは一人の存在ではありません。ニビルの存在たちもまたしかり、シリウスやプレアデスの存在、また琴座系のヤハウェやエホバも、エロヒムを構成する中に含まれています。

ためにやってきた

Q&A

チルドレンがやってきている理由は、
のため」と説くのは、
チルドレンの並木良和さん。
どんな星からやってくるかは、
相関しているといいます。
お持ちの並木さんに、
いろいろをお聞きしました！

Q1 スターチルドレンは、いまどれくらいの割合で生まれていますか？

A 10人に1人がスターチルドレンです。

全体の1割、10人に1人の割合で生まれてきています。これから地球は変わっていきます。そのときに新しい時代を担う中心的な役割を持つ子どもたちが、どんどん誕生してくるでしょう。

スターチルドレンは、世界中に散らばっています。彼らは、地球をひとつの生命体としてとらえる意識を有しているので、日本やどこかの国だけに集まることはありませんが、日本には世界の雛形になるという役割があるため、日本に集まってくる傾向はあります。

Q2 オーラや年代、役割などで、インディゴ、クリスタル、レインボーなどの違いがあるようですが、本当にそうなのですか？ レインボーはカルマや使命感がないともいわれますが…

A 僕たちの集合意識に合わせて、必要な子が生まれてきます。

スターチルドレンは、いろいろな呼び方があり、細かく分けると、シルバーだゴールドだと、たくさん出てきますが、そこにこだわるよりも、「これからの地球のために専門的に訓練を積み、準備してきた子どもたち」と大きくとらえたほうがよいでしょう。

彼らの特徴として、オールOKという、非常に大きな器が挙げられます。「それも別にいいじゃない？　なんでダメなのか、意味がわからない…」というように。

オーラや年代の区分も、あまり厳密なものではなく、たとえば、インディゴの子でも、インディゴブルーのオーラを持っていない場合もあります。また、世間でいわれている年代より早く、その先駆けとして生まれている魂もいますし、逆に、いまはインディゴの役割は主流ではない時代になっていますが、必要があっていま生まれてくる子もいるんですね。

最近は、才能を豊かにもっていることの現れである、多色のレインボカラーのオーラの傾向が強くなっています。レインボーと呼ばれる子どもたちは、個人のカルマがまったくないわけではありませんが、非常に少ないです。

そして、使命を持たずに生まれてくる人もたくさんいます。たとえば、「ナミビアに行って学校を建てる」というような、やることが明確に決まっていることを「使命」と呼ぶならば、いまの時代は使命を持って生まれる子は、むしろ少ないです。強いて言えば、喜びや愛を表現すること、笑いをふりまくことなどの「特質」が、使命といえるでしょう。

眠りの時代は、外に何かを求める時代でした。ですから、外に何かを形作るための使命を決めてくる魂たちが多かったのです。でもいまは、自分の可能性を表現すること、自分を生きることを役割として生まれてきています。それが結果的に、周りのためにも、地球のためにもなるからです。それはいまを生きている僕たち人間だって同じこと。自分が幸せになることや、自分の可能性を最大限に生きることが、いちばんの社会貢献にもなるんですね。

スターチルドレンの特徴や傾向は、僕たち地球人の集合意識と密接に関わっているんです。

2020年3月号掲載

なみきさんに聞いた!

アセンション成就の 星の子たちの

この時代に、多くのスター
ずばり「アセンション
自らがシリウス系スター
どんな魂がどんな目的で
地球人の集合意識と
宇宙時代の記憶を鮮明に
スターチルドレンにまつわる

Q3 並木さんご自身もスターチルドレンですか？

A 僕は「インディゴ7：クリスタル3」の混合です。宇宙船の中で宇宙人から教えを受けていました。

僕は、インディゴの役割として、地球の古い基盤を“ぶっ壊し”に来ました（笑）。だから、壊さないと還れないんです。

小さいときから、たまにスペースシップ（宇宙船）に乗ることがありました。それは、体外離脱をしてアストラル体で乗ることも肉体ごと乗ることもありますが、大人になったいまでも、たまに乗ります。

僕も、多くのスターチルドレンと同じく、初めは地球の波動になじめず、年中、具合が悪くて、常に病院に通うような子どもでしたが、この地球の波動と同調するためにできることを、スターシップにいる宇宙存在たちから教えてもらっていたんです。いまこの時代に僕がやっていくこと、起こりうる可能性についてもレクチャーを受けました。それが、いまの僕の活動につながっています。

彼らとのコミュニケーションは、すべてテレパシーです。

スペースシップの種類は、そのときによってさまざまでした。ただの光、お皿を重ねたような形、三角形などなど…。

そこに乗っている宇宙存在もさまざまで、「こんな美しい人がいるんだ！」と驚くほど整った顔と透明感のある肌をした、金髪のヒューマノイド型金星人や、溶けてしまうほどの慈愛の目をした、優しい波動の巨大なカマキリの姿をした昆虫型の存在、また、グレイタイプにも会いました。もし僕が宇宙時代の記憶を封印していたら、グレイたちを見たときにギョッとしたかもしれませんが、記憶もあるし、本質の部分でつながっていたので、恐怖や抵抗を感じることなく、地球人よりもナチュラルに接することができていたんですよ。「あれ？　なんで今日は白衣を着ているの？」という具合に。

彼らとの遭遇のあと、朝起きると家の玄関の前で寝ていたり、パジャマが上下ともに裏返しになっていることもありました。それは、彼らが残したサインで、「これは夢じゃないからね」と、僕に気づかせるためだったんですね。

そんなふうに、8歳くらいまでは、スターシップとのつながりがとても強かったんです。宇宙連合司令官のアシュタールと同じ母船に乗船して会ったこともありますが、アシュタールがコンタクトしてくる割合は、いまのほうが多いですね。

Q4 いま特に多くなっているスターチルドレンの故郷の星は？ それぞれの特徴や役割も教えてください。

A 太陽やクラリオン星から来る魂が増えています。

依然として多いのは、シリウス、プレアデス、アルクトゥルスで、なかでもシリウスからやってくる魂が最も多いです。また、日本人には太陽の民のDNAが色濃く刻まれているので、太陽の子も増えていますね。

そして最近、多く目につくのが、クラリオン星人の魂。僕はクラリオンについてあまり情報はもっていないのですが、故郷の星をたずねると、その子のガイドやマスターなどから「クラリオン」という回答がよく返ってきて、自分でわかっている子もいます。僕が視る中では、小学2年生前後（2020年現在）の子が多いですね。

スターチルドレンに共通していえるのは、昔から「目は口ほどに物を言う」というように、目が特徴的。見透かされているような、吸い込まれるような目をしていますよ。

スターチルドレンの特徴と役割

僕が実際に出会ったスターチルドレンの傾向です。
大人になっても、傾向は基本的に変わりません。

●シリウス出身の子

丸みのある大きな瞳。好奇心もあるが、冷静さが勝る。タイミングを自らつかみにいくよりも、待つタイプ。サイキック能力が強い。2032年以降、本格化するアセンションを導く。

●プレアデス出身の子

切れ長の目。好奇心旺盛のため、何でも体験したいし、知りたい。恋愛に対してもオープン。アセンションに向けて癒されていく必要のある人間をサポート。

●アルクトゥルス出身の子

聡明で知的な印象。子どもなのに大人びている。賢者であり叡智の保持者のため、魂レベルの深い叡智を思い出させる。

●太陽出身の子

凛としている。個が確立しており、自己信頼、自己愛が強い。サイキック能力が強い。

●クラリオン出身の子

頭脳明晰。

Q5 マスターソウルや霊界・幽界から生まれ変わってくるスターチルドレンもいますか？

A すべてのスターチルドレンは、マスターソウルから生まれ変わっています。

個々の魂にはマスターソウルが存在し、さらにその上のマスターソウルが存在する…というように、魂は源へ向かって入れ子状に連なっています。そして、シリウス星人のマスターソウル、プレアデス星人のマスターソウルなど、各星のマスターソウルも存在します。故郷の星から地球へ来る場合も、必ずマスターソウルへ帰還するのがプロセス。ですから、スターチルドレンは皆、マスターソウルから生まれ変わってくる、ともいえますね。

マスターソウルから生まれ変わることを「転生」といいますが、その場合は、何のために自分はここに生まれてきたのか、存在意義を明確に理解しています。地球人全体から見ると、マスターソウルからの生まれ変わりはまだまだ数が少ないので、スターチルドレンたちの誕生は、本当に喜ばしいことなのです。

生前の記憶がある子どもが「お空の上から見ていた」などと言う場合、すべてがマスターソウルからの転生とは限らず、なかには、幽界から生まれ変わる「輪廻」の場合もあります。幽界でそのようなビジョンを見させられるのです。

幽界とは、霊界以上の世界へと行かせないための地球特有のトラップであり、イリュージョンの世界。なので、生前の記憶を持つ子どもがすべてスターチルドレンとは限りません。

＊幽界についての詳細は、P58に掲載しています。

Q6 スターチルドレンの魂の次元は？

A 7次元、稀に8次元の魂も存在します。

僕たちは皆、波動を落としてこの地球へやって来たわけですが、あまりに波動が高いと、肉体を持って地球で生きることになじめず、生きづらいという体感になりがちです。スターチルドレンはまさにそう。

障がいを持って生まれてくる子どもたちも、非常に高い波動と意識を有しています。そうでないと、困難な在り方を受け入れられません。彼らは、僕たちが気づけないこともちゃんととらえていますし、宇宙と直接交信している子もいますね。きわめて叡智に満ちているので、彼らから学べることはたくさんあるのです。

Q7 スターチルドレンのDNAや脳は、どのようになっているのでしょうか？

A DNAは5層まで活性化し、小脳が発達しています。

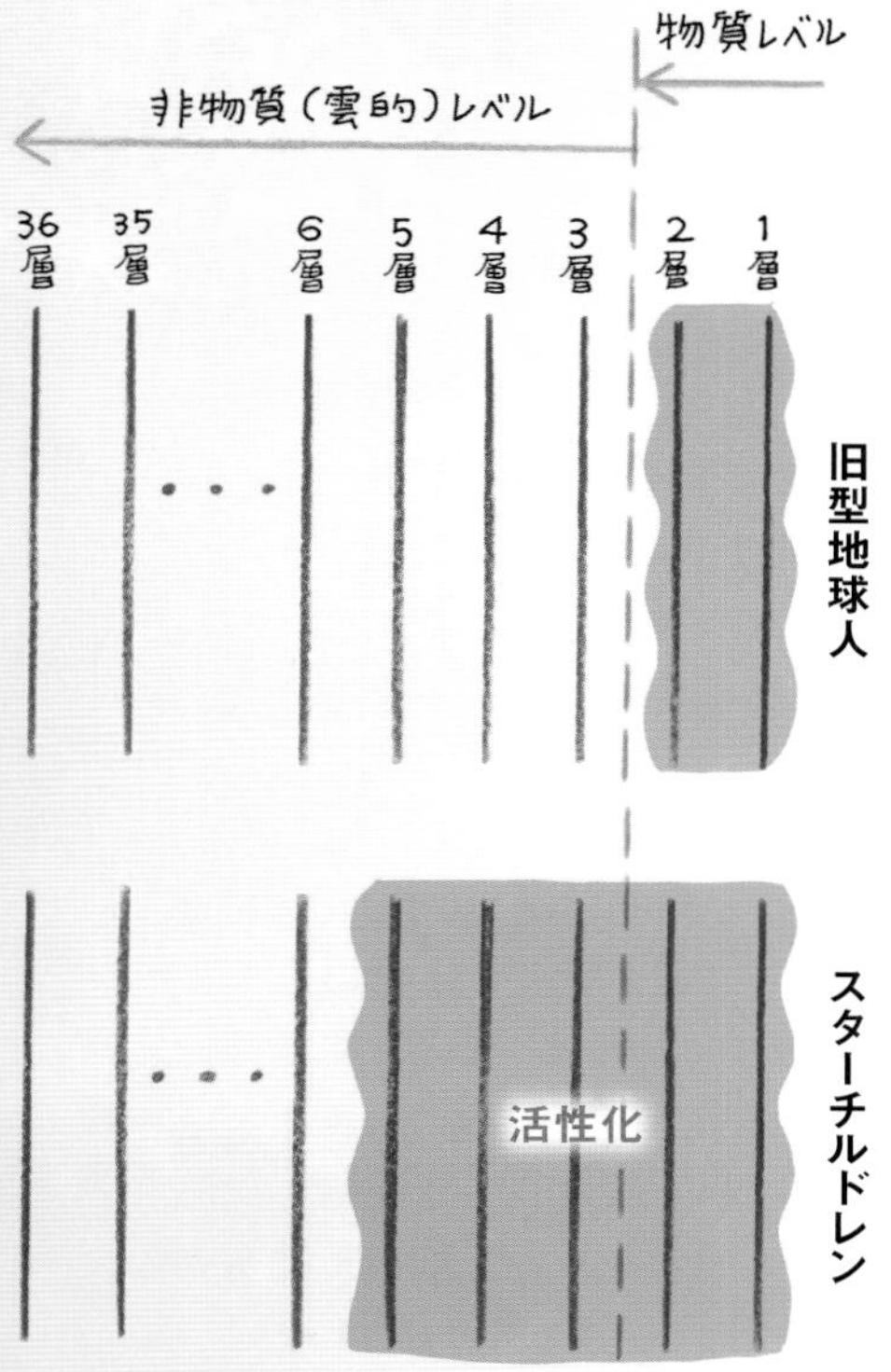

人のDNAは、二重螺旋構造で知られていますが、本数で数えるよりも、「層」と表現するほうがしっくりきますね。外側に向かって層をなしていて、2層までは物理的なものとして視覚化でき、層が深くなればなるほど、非物質的になります。スターチルドレンの中には、5層まで活性化している子もいますね。

人類のDNAのポテンシャルは36層ですが、現在、36層すべて覚醒している人はいません。アセンションが本格化する2032年以降は、DNAがさらに活性化された状態で生まれてくる魂もいますが、それでも36層は稀でしょう。もちろん、36層すべてが覚醒するというポテンシャルは、僕たちにもありますが、それを体現するかどうかは、また別の話ですね。

DNAが活性化すればするほど、サイキックな感性を含む、いままで「できない」と言われてきたようなことが、できるようになるでしょう。

さらに、人類の進化の鍵は、「小脳」が握っています。アセンションのプロセスにおいては、松果体も欠かせませんが、これからは小脳を活性化させることで、覚醒が促進されます。

小脳は、人の意識のいちばん深いレベルと共振します。その意識レベルにまで到達していない僕たちは、小脳があっても使えていない状態なんです。だから、まだ重要視されていないのでしょう。つまり、目を醒ましていくほどに、小脳は活性化した状態へ至るということです。スターチルドレンは、その小脳が生まれながらに発達（活性化）しているのです。

覚醒への最短距離、“小脳を活性化”させるには？

ズバリ、「宇宙を意識すること」です。たとえば、空を見上げる、またはプラネタリウムに行くことでも、宇宙を“意識する”ことができますね。

さらに、惑星の周波数を音に変換した音楽を聴いたり、宇宙の音を連想することも、小脳の活性になります。日頃から宇宙に思いを馳せ、意識が拡大するようなことをするとよいでしょう。

Q8 近年、セックスレス妊娠で生まれる子どもたちが増えています。そのしくみを教えてください。

A 宇宙人が思念を送って地球人女性が妊娠します。地球人のDNAを使った試験管ベビーもマザーシップで待機中。その子と真っ先に交流するのが、スターチルドレンなのです。

地球人以外の存在の中には、いわゆる生殖行為を持つ種族もいますが、生殖行為なしでも、生命を生み出すことができる種族もいます。いわば、思念で種を植えることで、妊娠するわけです。

人間の場合、多いケースではありませんが、地球人のDNAを有する母親となる女性と、父親となる宇宙人とのセックスレス妊娠は可能です。人間同士のセックスレス妊娠は、いまのところありません。

そのようにして生まれてくる子どもたちは、いわゆるハイブリッド、スターチルドレンとして、これからの地球に必要な役割を直接的に持っています。当然、母親となる女性とは、魂レベルで契約しています。

その場合、母親になる女性は、宇宙人の魂とは限りません。あくまで、地球人としてのDNAが必要なので、女性の肉体レベルでのご先祖系統のDNAにもチェックが入り、子どもの役割に適した遺伝子かどうかが重要視され、条件に適合する場合のみ、契約が結ばれます。契約した女性の中には、「私は宇宙人の子どもを宿す」と予め自分でわかっている人もいますが、ほとんどは、契約したことを忘れてしまっています。

稀に、魂レベルの契約なしに生まれた女性で、突如、宇宙人から選ばれて契約が成立するケースもありますが、その場合も、女性はほぼ自覚していません。

この妊娠のしくみは、聖母マリアの受胎と同じです。聖母マリア自身は、天使が受肉（インカーネーション）した存在で、地球人として何度か転生している女性でした。

また、セックスレス妊娠とは異なり、地球人のDNAを使った「試験管ベビー」として生まれるハイブリッドの子どもたちもいます。宇宙テクノロジーのひとつです。

その子たちは現在、マザーシップ（母船）の中に暮らしていて、アセンションを迎える新生地球のための準備・教育を受けています。彼らは、人類と宇宙種族をつなぐ役割も担っているので、オープンコンタクトのときに大活躍するでしょう。その子どもたちといち早く交流するのが、いまスターチルドレンとして生まれている人たちなのです。

Work

アセンションワーク

光の自分を思い出す「こひしたふわよ」

私たちが人類に刻まれているDNAのポテンシャルに気づき、
本来の自分に目醒めて生きるには、
常にハイアーセルフとつながっていることが鍵となります。
しかし、ハイアーセルフとつながることを、難しく思えるときもあるかもしれません。
じつは、ハイアーセルフとつながっている状態かどうか、自分でわかるバロメーターがあります。
それが、並木さんがお伝えしている「こひしたふわよ（恋慕うわよ）」。
この状態にあるとき、私たちはハイアーセルフとつながっていて、
すでに自分がハイアーセルフ“そのもの”であることを憶い出すことができるのです。
ぜひ「こひしたふわよ」を選択・実践するようにしましょう。

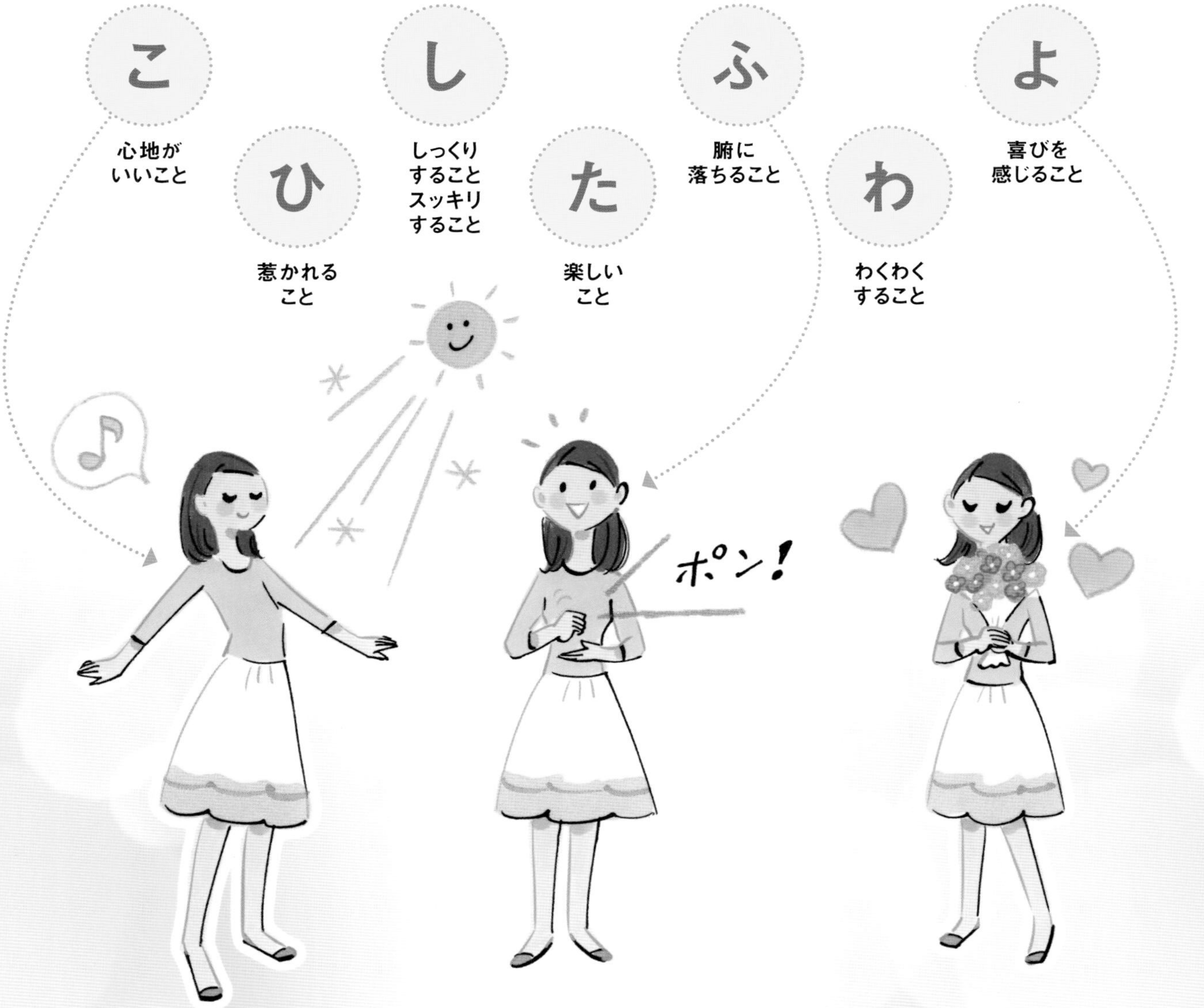

MESSAGE from Master

アダマ
Adama

シャスタ山の地下にある光のレムリア都市「テロス」の大神官。
地球と他の星々の間をつなぐ大使でもある。

皆さんがこの地球において、いままでの魂の成長における旅路の中、
どれだけ成長してきたのかに想いを馳せていただけたらと思います。

皆さんは、自分が思っている以上に、大きな成長を遂げているのです。
私たちがこれまで、地底から皆さんをモニタリングし、
波動の変化をチェックしてきたのだと言ったら、皆さんはどう感じるでしょうか？

もちろん、私たちは皆さんの生活を覗き見ようなどとしているわけではなく、
私たち地底の存在と地上の皆さんとが公に出会えること、
そしてその暁には、手に手を取って、この地球の真の黄金時代を共同創造していくことを、
心待ちにしていることの現れなのです。

なぜなら、波動があまりに乖離してしまっていると、おたがいに認識し合えないからです。
そして、私たちと皆さんの違いはそれだけであり、
本質は何も変わらず、創造主の愛と光そのものなのです。

さて皆さんは、長い間、分離意識によって、私たちを含めた魂の家族たちが、
おたがいに離ればなれになってしまっているかのように感じていたかもしれませんが、
そのようなことはいまだかつて一度もありませんでした。

私たちは、かつてのレムリアで約束した通り、皆さんと本当の意味で再会できることを、
いまかいまかと待ち望みながらも、皆さんとの深いつながりを常に感じていました。

そして、もう間もなく再会できる日が来ようとしているのです。皆さんは、信じられますか？

皆さんは、私たちと同じく創造主の分光《ぶんこう》であり、神聖なる愛と光そのものです。
皆さんは、ただそれを憶い出しさえすればよいのだということを、覚えておいてください。

そして私たちが、皆さんとの真の再会に明確に焦点を当て、
地底から常に愛と光を送っていることも忘れないでください。
私はアダマ。皆さんの真の友であり家族です。

第7章

古代文明の真実

訪れるだけでも、
活性化のエネルギーを
最大限受けとることができ、
アセンションのイニシエーションとなるのです

いまなぜ、エジプト？

ピラミッドは、宇宙種族が仕掛けた惑星アセンションのスイッチ

エジプトを訪れたことがある人もない人も、
砂漠に屹立《きつりつ》するピラミッドが何ものなのか、
一度は疑問を抱いたことがあるのではないでしょうか。
地上最大のミステリーといっても過言ではない
あの四角錐《すい》の建造物が、〝いま何かを訴えている〟ことを
敏感な人は気づいていることでしょう。
特集の初めでは、人類の目醒まし時計を鳴らし続けている
シリウスの王子こと並木良和さんに、
エジプトと惑星アセンションの関係を教えていただきます。
今回の取材では、私たちが神と崇めてきた宇宙種族や
人類の起源の話にも発展し、
なんと並木さんの所属していたシリウスのグループが、
人類創造に関わっていたことまで判明。
そんな超濃厚でディープな内容も、
並木さんにかかったらとっても軽やかでシンプルな
愛のバイブレーションとして、
あなたのハートに、魂に届くことでしょう。

タイマーが始動し、電波を放つ世界の遺跡やパワースポット

いまは、ピラミッドをはじめとする古代遺跡や建造物は、最もパワフルに活性化している時期です。なぜなら、人類を含むこの惑星の、2万6千年をワンセットとした眠りと目醒めのサイクルの中で、2012年に目醒めのサイクルへと突入し、各遺跡のエネルギーにスイッチが入ったからです。

目醒めのサイクルというのは、タイマーのようなもの。遺跡にはタイマーが仕掛けられていて、2012年にタイマーが始動したことにより、各遺跡へ宇宙から電波が放たれています。

この電波とは、人間の根本に働きかける、深くて細やかなエネルギー。僕たちはもともと宇宙意識ですから、宇宙の記憶や自分という本来の存在が宇宙電波と共鳴を起こし、意識が拡大して変容するのです。

エジプトやペルーのマチュピチュ、メキシコのテオティワカン遺跡、アメリカのシャスタ山やセドナなど、いわゆるパワースポットが存在する目的はひとつ。「人類と惑星地球のアセンションのため」です。

その地域にこの時期を選んで生まれてくる人たち、移住する人たちは、意識では知らなくても、魂レベルでは遺跡の役割を知っています。その

人たちが電波を発信するようになり、そのエネルギーが地球を覆い、それぞれの役割をひとつに集約することで、惑星アセンションへとつながっていくんですね。

そして、そのような場所を訪れるだけでも、活性化のエネルギーを最大限に受けとることができ、アセンションのイニシエーションとなります。自分の中にある、アセンションへのスイッチがオンになるんです。

穏やかなシフトを願って各星の叡智が集約された

逆にいうと、誰かがピラミッドなどの遺跡にタイマーを仕掛けたわけです。それは誰かというと、宇宙の種族たち。古代に神と呼んでいた宇宙存在と地上の人間とが共同創造し、それが遺跡という形で現代の僕たちをサポートしているのです。

彼らは、惑星地球がアセンションする際には、「なるべく穏やかにシフトできるように」という願いと祈りを込めて、建造物を造りました。そして、人類の覚醒のために、各地に点在させたのです。

この宇宙の種族には、シリウスやプレアデス、アルクトゥルスやニビルも入っています。特に、エジプトのピラミッド建造のテクノロジーを与えたのはシリウスですし、ニビル人（アヌンナキ）も、エジプトとは切っても切れないほど密接です。音楽や経済、医療など、文化文明の基礎をつくり、人間に知識を与えたのが、ニビル人だからです。

ニビルには、人類を支配しようとするネガティブニビルも存在しますが、彼らは、惑星アセンションの扉が閉まるまで、あがき続けるでしょう。

今回の惑星アセンションへと導く主流は、シリウスです。これまではプレアデスが主流でしたが、現在は傍で見守っています。２０２０年まではオリオンも入ってきていますね。彼らは、大戦を起こすほどの二極化を体験しながらもアセンションした惑星です。

とはいえ、アセンションしなかったダークサイドのオリオンも存在しています。ダークサイドのオリオンやグレイ種族と呼ばれる存在は、地球の最悪の状態のパラレルの存在、つまりネガティブ側の地球の未来なのです。

一方のポジティブ側のグレイ種族とは、バシャールが代表例ですが、そのどちらの未来になるのかは、まさに〝いま〟がポイント。そのため、たくさんの種族たちが、いまサポートに入っているのです。肉体をもって地球へやって来ることを志願した存在や、各惑星や星からエネルギー的にバックアップしている存在もたくさんいます。

その中には、エジプト神であるイシスやホルスなども含まれています。彼らは、この時期に惑星アセンションさせるべく、地球の近くの次元にとどまっています。今回のサイクルを終えると、それぞれの次元や星へと戻るでしょう。

エジプト直系のアトランティスとレムリアの統合で真の目醒めへ

エジプトのピラミッドは、1万6～8千年前には造られていました。レムリア大陸やアトランティス大陸が沈む前です。

エジプトは、アトランティスと深く関わりがあります。現に、エジプト文明を築いた神々はアトランティスから流れてきています。

いまの僕たちの文明の根底にあるものを探っていくと、表立ってあるのは、アトランティスとレムリアです。アトランティスは男性性のエネルギーで、レムリアは女性性のエネルギー。エジプトはアトランティスの影響を強く受けているので、男性性のエネルギーを帯びています。女性性のエネルギーであるレムリアは、日本に影響を及ぼしていますよね。

どのエネルギーとつながるかは、一人ひとりが引き寄せます。相手が神であっても同じこと。簡単にいえば、レムリアンはエジプトの太陽神ラーを引き寄せず、女性性の強い天

照大神を引き寄せます。逆に、アトランティアンが男性性エネルギーのラーを引き寄せるわけです。

日本にはレムリア人の転生が多いですから、エジプトを訪れると、合わないなと感じたり、嫌悪感を覚える人もいるかもしれません。それでも、覚醒のスイッチは押されます。それらの違和感は、結局は内面で統合していく必要がある、というサインでもあるのです。

アトランティスとレムリアは、戦争をしていた時代もありましたから、本当の意味でゆるして、受け入れていくことが大切です。

エジプトの神々は出身星の特徴を色濃く残すET

結局、神々と呼ばれる存在たちは、宇宙種族（ＥＴ）であり、ＤＮＡを高いレベルで活性化していたために、神さまだと崇められてきたわけです。

神話の中には、神さま同士の争いがたくさん描かれていますが、それは真実です。じつに人間的ですよね。なので、神々は完璧だという幻想は捨てるべきなのです。

さらに、エジプト神話や壁画、建造物には、姿形が人間とは異なる存在たちも登場しますね。まるでＳＦ映画のようですが、それは、鳥であれ獣であれ、そのもととなった宇宙の種族の特徴が現れているからなのです。

神殿などに巨人像がありますが、それは等身大だったんです。土偶だってデフォルメされているのではなく、そのままの姿を写したもの。当時は、実際に多種多様な存在がいて、直接交流していたんですね。

人類を創造した種族を超えてマスターにもなれるチャンス

人類は、宇宙種族たちにより実験として創り出されました。僕がシリウス人として地球に最初に降り立ったのは、1億3000万年ほど前で、地球が実験場としてふさわしいのかどうか、調査をするためでした。その場所は、アフリカ大陸のナミビアです。今回は、地球での生命実験の行く末を見届けるという目的で来たのです。

宇宙種族たちが、自分たちの技術を最大限に発揮して創り出したのが人類ですから、地球人はとんでもない潜在能力をもっているハイブリッドなのです。創り出した側を超える可能性だってある。それゆえ、地球人が覚醒することを恐れる存在たちもいるんですね。

でもいまは、もはや宇宙存在たちも地球人を管理できなくなっています。なぜなら、宇宙のサイクルが、人類の本質を覚醒させるサイクルに入っているから。アセンションとは、別の表現をすると、「可能性を最大限に引き出す」こと。いまは、その流れの真っただ中なのです。

エジプトの壁画には、個々のアセンションをそのまま表現しているものもあるんですよ。

この惑星がアセンションする機会は、これまで4回ありました。でも、人類の眠りが深すぎて、そのたびに失敗してきたわけです。今回は5度めのチャンス。3度めの正直とはよく言いますが、5度めなのだから、僕たちはいい加減に目醒めないとですよね（笑）。

5度めではあっても、ガイア（地球）自身が完全に目醒めると決意したのは、今回が初です。これまでガイアは、人類に〝眠って体験する場〟を与えてきました。でも今回は、2012年にガイアが目醒めることを決意した。今度は僕たち人類に、「さぁ、どうしますか？」と選択が迫られているのです。

レムリアやアトランティスの黄金期には、人々は源とつながっていることを自覚しながら、地球上で神としての自分を完全に表していました。

当然、波動は高く、ＤＮＡは12螺旋《らせん》どころではなく、高位の神官たちは36螺旋が開いていました。とはいえ、ガイアがまだ深い眠り状態だったので、アトランティスの神官であっても、6次元レベルを完全に保つことはできませんでした。

　でも、ガイアを含め、宇宙のサイクルが、それを可能にするくらいバックアップしてくれているのが、いまの時代なのです。

　僕たちがその気になれば、アトランティス時代に達成できなかった、6次元レベルへの完全シフトができる可能性がある。それが達成できると、僕たちは「ジュニアアセンデッドマスター」になることができます。だからこそ、何十億という存在がいま地球に来ているのです。いまだかつてないフェスティバルなのだから、と。

　一人ひとりがアセンデットマスターになるプロセスが進行中ですが、そのためには自分に集中して、自分の内に神を見いだすことが重要です。自分の責任を外に置いていたり、外に神を見て自分を捧げているようでは、到底、本質のポテンシャルを引き出せません。イエスやブッダも、自分の中にいることに気づいて、自分の中のマスターを活性化しましょう。

エジプトの地から最大限の覚醒パワーを受けとる方法

　エジプトが気になるなら、呼ばれていますので、ぜひ行ってください。迷っているうちに死んでしまいますからね（笑）。惹かれる場所を訪れるのがいちばんですが、ルクソールはおすすめです。そこでは、エジプトのマスターであるセラピスベイがエーテル界側に立ち、地上とつなげる守護をしています。意識的に入るとチャンネルが合わせやすくなり、エネルギーを受けとりやすくなりますよ。

　エジプトをはじめ、惑星アセンションを担う世界のパワースポットを訪れると、そのたびに覚醒の周波数がアップデートされ、自身の波動は確実に変わります。戻ってきても、もとには戻りません。

　ただ、行く前には、自身のクリアリングを行ったほうがよいでしょう。遺跡の中には、人類が自分たち以上に進化することを恐れる宇宙存在たちの周波数を帯びた仕掛けも存在します。

　自身の中に、不安や恐怖の周波数があると、それらと共鳴してしまうので、クリアリングを行ったうえで、楽しい意識で入るようにしましょう。楽しい意識はネガティブを寄せ付けず、高い周波数と共鳴します。

　聖地やパワースポットを訪れるときは、「自分が（その場の）波動を変える！」くらいの意識で行くと、行けば行くほど、自分自身が強力なパワースポットになることができます。

　そのような波動でいると、場にある覚醒エネルギーと共鳴し、パワースポットの周波数を引きあげることもできるのです。すると、惑星アセンションが促進され、また、そのエネルギーを必要な人に届ける役割も果たしていくことになるでしょう。

　いずれにしても、その人がもっている周波数しか体験しませんから、難しく考えず、自分を整えたら、とにかく楽しんでくださいね。

アセンションへのパスポート

聖地への旅

訪れるだけで、高次のエネルギーを受けとることができるという、
世界各地に散りばめられている聖地。
まさに、「パワースポット」と呼ぶにふさわしいエネルギーを放つ場所です。
並木さんは世界中の聖地を訪れ、参加する人たちの目醒めを促しています。
ここでは、これまで並木さんが旅した聖地の中から、
特にいま私たちのアセンションを後押ししてくれる場所をご紹介。
それぞれの土地は、どんなエネルギーを宿しているのでしょうか。
なぜ並木さんはその聖地に呼ばれ、
その土地でどんな過去世を過ごしていたのでしょうか。
さぁ、並木さんと一緒に、聖地への旅へ出かけましょう。

「過去世のエネルギーが残っている場所に行くと、自分自身が磁力のようになり、置いてきたエネルギーと引き合います。そうすると、自然と自分に戻ることができるんですね。
つまり、過去世のエネルギーを取り戻すために、人は、無意識にいろいろな場所に惹かれて訪れることがあるのです。これも、“統合”の一環です」

EGYPT

エジプト

故郷星シリウスとのつながりを感じて

エジプトはシリウスとのつながりが強い場所です。なので、もともとシリウスの魂である僕にとっては、なじみやすいんです。

古代エジプト人は、シリウス人と交流していました。その当時のエネルギーがいまもエジプトには残っているので、そのエネルギーに触れると懐かしさがこみ上げてきます。なので、僕個人的には好きな場所です。

●エジプトでの並木さんの過去世

追放された霊能者としての人生

僕の過去世は神官も多いのですが、エジプトでも3回ほど男神官として生まれています。

神官の人生を経て、王家を守る兵士として生きた時代もありますね。

また、占術師、いわゆる王家お抱えの霊能者をしていた人生もありました。このときは、罠にはめられ、理不尽な理由で追放されてしまったんですが、この過去世が僕にとっては印象深く残っています。そのためか、2018年にエジプトへ行ったとき、当時の記憶がバーッと甦ってきました。ある遺跡へ行くと、どこに何があるか、全部わかりました。なぜ知っているのだろう……と、記憶を辿ってみると、お抱え霊能者だった時代の記憶だったんです。

●エジプトのエネルギー

闇：光＝6：4

アトランティスのエネルギーも強いのですが、ギリシャとはまた違います。エネルギーの質として、エジプトは「闇」も強い。清濁併せ持つエネルギー、といえるでしょうか。

あえてその割合を数字で表すなら、6：4で闇が多い。いまこのタイミングでは、闇のエネルギーは限りなく少なくなっていますが、それでも5.5：4.5（笑）。

ただ、この闇が“悪い”という意味ではありません。エジプトは、ある種の「呪詛」が掛けられている場所が多いんですね。その場所に行くと、たとえば喉のチャクラを閉ざすエネルギーに触れて、真実を表現できなくなるというようなことが起こり得ます。

でもそうした場所に行って、そのエネルギーを受けるということは、自分が持つエネルギーと共鳴しているからです。だから、もし、光の状態で行ったなら、光と共鳴する体験をするでしょう。自分のエネルギーが共鳴しているだけですから、闇だからと怖がる必要はありません。

光と闇の“二極性”の真意

「光と闇」「善と悪」「正と誤」……このような“二極”の世界、つまり二元性の世界を、僕たちはこの物理的な世界で存分に体験してきました。二極の世界では、闇も光もどちらもある。そして、ジャッジメントしてどちらかを排除しようとするのが、これまでの眠りの時代の在り方でした。

目醒めの時代に入ったいま、この二極を統合することで目醒めへ近づくことができます。高い視点から見れば、僕たちは本来、光も闇も、善も悪も、どちらも体験したくて、3次元の地球に生まれています。その視点から物事をとらえたとき、「光か闇か」と定義づけることで起こる、「加害者と被害者」という概念はなくなるのです。

●エジプトを司っているマスターや存在たち

【守護のためにとどまるスピリット】

トートをはじめとするエジプト神の存在はもちろんですが、いまだに闇のエネルギーが強いということは、当時の呪術師のようなスピリットのエネルギーも強く残っているといえます。

そのような存在たちは生前、遺跡などにプロテクションとして呪いを掛けたんです。なかには、王を守ろうという忠誠心からお墓を守っているスピリットもいますし、ミイラ本人のスピリットが自分の肉体を気にしてその場をウロウロしている場合もあります。

僕も、そうしたスピリットのアタックを受けたことがあります。あるエジプトの観光地で、現地の人が僕に手招きをして、「この場所、特別に通してあげるよ」と言ってきたんです。「これはお金をくれ、ということだな……」と思ったのですが、普通では入れないところだったので行ってみることにしました。

そこには人体のミイラが！ 思わずパシッと写真を撮ってしまったんです。すると、撮る瞬間に、「撮るな！」とスピリットに怒られました。

「これはマズい！」と思い、「ごめんなさい。消します」とすぐに写真を消しましたが、もう遅かった。つまり、僕はそのスピリットの怒りに触れてしまったわけです。案の定、その夜から具合が悪くなり、熱が出てしまいました。

「これはすごい怒っているな」と思い、大天使ミカエルに相談すると、「執り成すから、一緒に来なさい」との返事。そこでアストラル（幽体）レベルでミカエルと一緒にそのスピリットのもとへ謝りに行きました。ミカエルが執り成してくれたおかげで、無事に怒りを鎮めることができたんです。

このように、死後も地上にとどまったままのスピリットがいますから、観光地だからといってズカズカ入ってしまうと、痛い目に遭うこともあります。

エジプトと同じようにスピリットが守っている場所として、ギリシャのメテオラ修道院では、修道士たちの頭蓋骨が並んでいますが、「人に見られなくない」と、本人のスピリットたちが行ったり来たりしていますし、沖縄にも「入って来てほしくない」という神たちの思いが強い場所がありますね。なんとなく自分の中で「ん？　ここは……」と感じたら、近寄らないことをおすすめします。

SEDONA

セドナ

エネルギーが活性化してスーパーサイヤ人状態に！

最初は仕事ではなく、プライベートで訪れました。初めてセドナに降り立ったとき、土地のエネルギーと共鳴を起こして、自分のエネルギーがシュワーッと活性化するのがわかったんです。オーラがメラメラと炎のようになって、まるで、ドラゴンボールのスーパーサイヤ人みたいに（笑）。「何だ、ここは!?」と、初めて行ったときは驚きました。

これは僕だけに起こるのではなく、訪れる人みんなにきっと起こっているはずです。それに気づくか、気づかないかだけ。セドナの地に行くと、確実にエネルギーの活性化が起きますよ。

●セドナでの並木さんの過去世

戦士として剣を掲げた人生

　セドナ近辺は、ネイティブ・アメリカンの地としても有名ですが、僕もネイティブ・アメリカンの男性として生きていた時代があります。特にスピリチュアルなことに関わっていたわけではありませんでしたが、部族間抗争や、村に賊が侵入するときの守り手《ウォリアー》、戦士として生きていました。

いまの活動につながるシャーマン時代

　そのほかの人生では、メディスン・ウーマンとして生きていたこともあります。薬草を使って病気を癒すようなヒーラーとしての役割や、先祖と交信して吉凶を占ったり、ご神託を降ろすようなシャーマンとしての役割を担っていました。今生での役割につながっていますね。

　ほかの地に転生した人生をふり返ってみても、どうも人生の傾向は似通ってくるんです。やっていることは、結局同じだったりする。自分のテーマから、似たような傾向の人生を選ぶのでしょうね。

●セドナのエネルギー

強烈な自己変容を起こすエネルギーが渦巻く地

　セドナは、とにかくパワフルな土地。かつ、宇宙意識を思い出す（つながる）ためのエネルギーがあります。多次元的な自己を思い出すためのエネルギー、ともいえるでしょう。

　セドナには、「ヴォルテックス」が存在する4大スポットがあります（エアポートメサ、カセドラルロック、ベルロック、ボイントンキャニオン）。男性性が強いヴォルテックスもあれば、逆に女性性を強く感じるスポットも。なので、ヴォルテックスを上手に使うと、僕たちの男性性と女性性の内なる「統合」を促すことができます。ヴォルテックスのエネルギーは、各人に必要な変化を起こします。セドナに降り立った途端、変容が起こりますが、じつは行く前からもうそれは始まっているのです。

　そして、訪れたあと、平均して3〜4ヵ月後に、変化が目に見える形で起こるでしょう。たとえば、人間関係の変化や、仕事の変化、心境の変化など……。それだけパワフルなエネルギーがセドナの地には渦巻いているのです。

　自己変容を促すセドナをはじめ、今回ご紹介した聖地は、アセンションを目指す人たちにとってのイニシエーションの場所でもあります。ですから、その地を訪れることで、意識的であれ、無意識的であれ、アセンションの準備を行うことになるのです。

●セドナを司っているマスターや存在たち

【ネイティブのスピリット】【宇宙存在】

　セドナの土地を守っているのは、太古のネイティブのスピリットたちです。スピリットたちがマスターレベルになり、アセンションのサポートのために大地にとどまってくれています。それは、彼らが自ら選択した役割です。今回、私たち人類と一緒にアセンションすることを選択した「集合的なスピリット」という言い方もできるでしょう。

　また、セドナは一種のポータルになっているので、いろいろな宇宙存在たちが訪れます。バシャールの宇宙船も、セドナ上空に滞空していますね。

ISRAEL
イスラエル

宗教的な縛りからの解放

参加者の方たちと一緒にリトリートをしたいと考えていたので、その下見として２０１９年に訪れました。

イスラエルでリトリートをする目的は、宗教の戒律や誓いから解放されるため。本来、宗教とは、幸せになること、自由になること、自分の神聖さを思い出すことのためにあるものです。しかし、戒律や誓いが〝縛り〟となってしまうと、僕たちが本当の意味で幸せに生きることや、自由や豊かさを体験することを阻んでしまいます。要は、「ブロック」ですね。それにより、素晴らしいものが不健全に機能することになってしまいかねません。

「三大宗教の聖地」（イスラム教・ユダヤ教・キリスト教）とされるイスラエルは、そのようなブロックを解除することができる土地なのです。

●イスラエルでの並木さんの過去世

大ヤコブとしてイエスと歩んだ人生

イエスの十二使徒である大ヤコブとして生きた過去世があるため、イエスと一緒にいたイスラエル（ユダヤ）にはご縁があります。ですから、今生でイスラエルを訪れたのは、イエスとのある意味“約束”のようなもの。実際に訪れると、当時のいろいろな記憶が甦ってきましたね。

政略結婚をした商人の娘

10世紀頃だと思いますが、絵や骨董などを扱う商人の娘だったこともあります。親による政略結婚をさせられて、地主のお金持ちの男性のもとに嫁いだんですが……嫌な夫でした（笑）。 いつもお酒を飲んで、周りに何人も女性をはべらせているような、かなり年上の人だったんです。自分の意志ではなく、家のための結婚でしたね。

●イスラエルのエネルギー

植えつけられた恐怖を解除

僕たちは皆、過去世で宗教体験を必ずしています。その体験で、「こうしてはいけない」という縛りが、“恐怖”となって植えつけられてしまっているのです。たとえば、これを破ってしまうと天国に行けない、地獄に落ちる、バチが当たる、など。そのように刻み込まれている恐怖や不安を、イスラエルの地では解除することができます。

意図すれば誰でも可能ですし、ヨルダンとの国境近くにあるヨルダン川の「ベタニア」（アル＝マグタス）に行くと、自然と解放が起こるでしょう。ここは、洗礼者ヨハネがイエスに洗礼を施した場所です。

僕たち全員が訪れなくても、誰かが代表としてその地を訪れると、集合意識として解放されやすくなります。完全な解放というより、“ゆるみ始める”という表現がふさわしいかもしれません。多くの人が解放されるほどに、一人ひとりの解放が進む。ですから、一人が変化することは、とても大きいのです。

宗教的な縛りからの解放というエネルギーが満ちている地なので、「自分の神聖さを思い出す」、または「ありのままの自分に還っていく」ためのワークを行うと、土地のエネルギーと共鳴してワークの効果も上がることでしょう。

●イスラエルを司っているマスターや存在たち

【イエス・キリスト】

実際に訪れてみると、やはりイエスのエネルギーが色濃く残っているのを感じました。

現地の観光地には、イエスをはじめ“聖人”にまつわるストーリーが伝承されている土地もありますが、事実とは違う場所もありますね。きっと、観光のための呼び水として、事実が湾曲して伝えられているのでしょう。

これまでは、そのような土地に、「ありがたや」と手を合わせに来る人が多かったわけですが、これからは伝承を信じ込むのではなく、事実を波動で感知するような、敏感な人たちが増えてくるでしょうね。

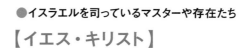

HAWAII
ハワイ

メネフネに呼ばれて

ハワイを最初に訪れたのは、２００７年。そのときは、ワークやリトリートのためではなく、プライベートな旅行でした。

２０１１年のあるとき、いつものように自分のセッションルームにいたのですが、「メネフネ」と名乗るハワイの精霊からコンタクトがありました。

「太古より光の柱が降りているヘイアウ（聖地）は、ハワイの随所にあります。そのひとつが『ウルポ・ヘイアウ』です。光の柱を通して、高次のエネルギーが流れ込んでくるため、地球のバランスを取るうえでヘイアウはとても大事なポイントなのです。しかし、近年たくさんの人間が訪れることにより荒れてしまい、光の柱の役割を果たしていません。ですから、もう一度、光の柱を立て直してほしいのです」

そのようにメネフネに言われたため、ハワイまで出向き、エネルギーワークをするようになりました。

それからは頻繁に精霊やマスターたちに呼ばれ、現在まででハワイへの渡航は75回を超えています。そのうちの何度かはリトリートとして、たくさんの方たちを日本からお連れしました。

僕自身、世界の数ある聖地の中で、いちばん好きな場所がハワイです。

●ハワイでの並木さんの過去世

ゆる～いその日暮らしの漁師

ハワイでの過去世はいくつかあります。男性として、漁師村のような所でその日の食糧となる魚を獲ってくるような、ゆる～い“その日暮らし”をしていた人生もありました。漁師の娘だったこともあります。別の人生では、ハワイ王朝の王宮専属の料理人もしていましたね。

カフとして祭祀を司る

スピリチュアルなことに関わっていた人生では、祭祀を司るカフ（またはカフナ）として神官の役割を担っていたこともあります。

僕はポリネシア諸島を転々として、6回ほど生まれ変わっています。ただやはりこの地域での過去世というと、レムリア文明での転生の記憶が強いですね。

●ハワイのエネルギー

レムリアのエネルギーが色濃く残る地

ハワイといえば、やはり“レムリアの地”です。レムリアの「愛」と「調和」のエネルギーが、ハワイにはいまも満ちています。

レムリアンとしての性質が色濃い人からすると、ハワイは懐かしく感じられるのではないでしょうか。僕も初めてハワイを訪れたとき、空港に降り立った瞬間、思わず「ただいま！」と心の底から出たんですよ。

●ハワイを司っているマスターや存在たち

【女神ペレとヒイアカ】【精霊たち】

ハワイの女神として、火山の女神ペレが有名ですが、ペレの末妹である女神ヒイアカに呼ばれてエネルギーワークをすることもあります。

ハワイでは、先述した小人族メネフネをはじめとする精霊たちが聖地を守っていますね。

INDIA
インド

アセンションのイニシエーションを促す地

インドもイスラエル同様、リトリートの準備のために２０１９年に訪れました。僕自身、ブッダとのつながりも強いため、行くことになったようです。

インドという土地は、アセンションの通過儀礼《イニシエーション》にとても適した聖地なので、本来であれば２０２１年までに訪れると、非常にパワフルなのですが……いまの状況ではなかなか難しいかもしれませんね。

●インドでの並木さんの過去世

ブッダ（釈迦）の十大弟子の一人

インドに着いてから過去世を思い出したのですが、ブッダの十大弟子の一人としての人生でした。ブッダガヤに行き、手を合わせてブッダのエネルギーとつながったら、「またやっとこの地でお前に会えた、わが弟子よ」と言われたんです。

ブッダが亡くなったときの様子を描いた「涅槃《ねはん》図」で、ブッダを取り囲むように人々が泣いて悲しんでいる絵を見たことがある人も多いと思います。僕のそのときの人生では、ブッダと近しい関係だったので、側近の一人として描かれているのかもしれません。

もちろんブッダが亡くなったことは深い悲しみでしたが、ブッダの弟子として"悟り"について学んでいたので、悲しみの感情に取り込まれてしまうということはなかったですね。

●インドのエネルギー

悟りに直結

ブッダの波動が強く残るインドは、悟りのエネルギーに満ちています。準備ができた状態でインドを訪れると、今回の人生で悟りに至るために必要なエネルギーを受け取ることができるでしょう。

お嬢から奴隷へ。一度の人生で天国と地獄を体験

インドにはカースト制がありますが、僕のある過去世は、お金持ちとしての豊かな身分から、奴隷のような身分へ転落したんです。

通常は、奴隷の家に生まれたら、生涯、奴隷として生きるしか道がないというのがカースト制度なのですが、どうも僕のその過去世は、例外だったようです。

もともとは父親が裕福な宝石商で、いわゆる"お嬢"だったのですが、父親が亡くなってから家や持ち物を剥奪されたのか、例外的に奴隷の身分になって下働きをするような人生でした。一度の人生で両極端の生活を体験したんです。時代的には、11〜12世紀でしょうか。

といっても、この人生ではイスラエルのときとは違い、夫が良い人で（笑）、誠実で優しかったので、大切にしてもらった記憶が強く残っています。

●インドを司っているマスターや存在たち

【ブッダ（釈迦）】

ブッダの出身はインドではなく、隣国のネパールですが、インドもやはりブッダのエネルギーが濃いですね。眠りの深い時代に悟りを拓き、人々を目醒めへと導いたブッダのエネルギーは、いまも僕たち人類の悟りをサポートしてくれています。

MOUNT SHASTA

シャスタ山

いまの仕事の原点となった地

どこかへ行くとき、僕は地図も現地の情報も事前に調べないので、２００９年に初めてシャスタを訪れたとき、どの山がシャスタなのかわからないまま現地に入りました。

チャネラーである日本人ご夫婦が経営されている『シャスタクラブ』という宿に泊まったのですが、宿の裏手には山が見えました。さすがに真裏にシャスタ山があるなんてことはないだろうと思い、「明日からシャスタに行くんだな…！」とワクワクしていたんですが、宿の裏手にある山を見ていると、エネルギーがすごくシャスタ。宿の奥さまである治美さんに、「この山、シャスタのエネルギーにそっくりですね」と言ったら、「これがシャスタ山ですから」って言われました（笑）。じつはすでに、シャスタ山の目の前にいたわけです。

その日の夜、夜中にパッと目が覚めました。胸が苦しくて、呼吸が荒くなり、すごく具合が悪くなっていく感覚に陥ったんです。

「どうしよう……これは救急車を呼ばなきゃいけないな……」

そこまでなったとき、いきなりビジョンがパーンッと入ってきました。

それは、シャスタの中腹にスペースシップが2機止まっていて、下から光が漏れている、というビジョンでした。そして、そこから声が聴こえたのです。

この声の主が、地底人アダマだったと後から知るのですが、その声はこう言いまし

●シャスタでの並木さんの過去世

トラウマが生まれたレムリアが沈むときの記憶

レムリア大陸が太平洋に沈んだ1万3000年前、僕はレムリアの神官として、沈むことが決定しているレムリアから生き残る人を選ぶ、いわば“種の選別”のような役割を負っていました。

神官にはそれぞれ役割があります。僕の役割は、宇宙の情報やメッセージを地上に降ろしたり、レムリアの高い周波数を保つためにエネルギーバランスを整えることでした。

さらに僕にはもうひとつ、生き残ることを選んだレムリア人たちを、地下都市へ連れて行くという役割もあったのです。この地下都市こそ、シャスタの地底にいまなお存在する「テロス」です。

とはいえ、家族だから、友人だから、一緒に逃げられるわけではない。命の選別を自分が担当するというのは、本当につらく、罪悪感を抱くものでした。当時のレムリアはアセンションのタイミングを迎えていたため、アセンションすることを選んだレムリア人たちと一緒に地下都市へ逃げる必要があったのです。

結果、一緒に地下都市へ逃げたレムリア人たちは、全員無事にアセンションを遂げることができました。しかし、連れて行けなかった人たちのことを思うとつらく悲しくて、僕の中にはトラウマ的な感情が生まれてしまったのです。その感情を癒すには相当な時間が掛かり、今生まで続きました。レムリア末期の話をすると、ワークショップ中であれ、感情が抑えられなくて大号泣していたこともあります。その感情を統合することで、いまは完全に癒すことができました。

レムリアから人々を連れて地下都市へ入ったのですが、僕もその後、地底人として生きることになりました。そしていま、シャスタの地下都市には僕の“分身”が存在しています。自分のハイアーセルフから分かれた存在、つまり分身です。彼の外見は金髪ですし、いまの僕とは似てはいません。性別的に表現するなら、男性。とはいえ、男性性と女性性のバランスは非常に取れています。彼の体は、密度が非常に薄い、半霊半物質のような存在ですね。

●シャスタのエネルギー

THEレムリアの精妙な高波動

シャスタといえば、まぎれもなくレムリアの地です。エネルギーはもちろん、当時の景色が残っている場所もあります。何より、シャスタ山そのものが、レムリア時代から存在していますしね。

セドナとシャスタを比べると、セドナは「シンシンシン」と、エネルギーの音が聞こえるほど、パワフルな土地です。一方のシャスタは、すべてをつつみ込むような柔らかいエネルギーに満ちています。“細やか”とも表現できますね。

とても波動が高いので、シャスタの街に住んでいる人たちは、月に1度は街から出て、波動を調整しているのだとか。そうしないと、バランスを保つことが難しいのだそうです。

●シャスタを司っているマスターや存在たち

【大神官アダマ】【アセンションしたレムリアのマスター】

レムリアで神官だった時代、僕が弟子のような立場でともに働いていたのが、アダマです。アダマは、いまもシャスタの地下にある地下都市「テロス」の大神官です。現代でも、シャスタの地を守り、主に司っているのはアダマのエネルギーといえるでしょう。

た。

「もうそろそろ向き合いなさい。見て見ぬふりをするのはやめなさい」

そのとき僕は、自分で向き合わないといけないものから逃げていた時期だったんです。だから、「いい加減、向き合いなさい」と言わんばかりに、強制的にハイハートチャクラ（胸腺のチャクラ）がこじ開けられました。もちろん、深いレベルでは同意していたのですが。

そして、ハイハートチャクラが開かれ、これから自分が何をやっていくべきなのかに関して、たくさんのメッセージが降りてきたんです。それをちゃんと受け取って向き合ったら、スーッと胸の苦しさが収まりました。

翌朝、治美さんが挨拶と同時に、「昨夜はすごかったわね。スペースシップが来ちゃって」と言って、治美さんが受け取ったメッセージを話してくれたのですが、僕が受け取ったのとまったく同じでした。

これは、僕にとってすごく印象的な体験でした。この頃の僕は、スピリチュアルな活動をするうえで、どこにコンタクトを取ればいいのか、どことつながればいいのか、わからなかったんです。でもシャスタでの経験をもとに、「自分の今生のテーマであるレムリアに、そしてアダマにつながればいいんだ」というのが、明確にわかった。それにより、自分にとってのホームグラウンドが見つかったような、安心感を得ることができました。

そういう意味でも、僕のいまの活動の原点はシャスタから、と言っても過言ではないのです。

GREECE

ギリシャ

パルテノン神殿を活性化させるために

初めてプライベートでギリシャを訪れたとき、女神アテナから「また、いらっしゃい」と言われたんです。でも僕自身は、「たぶん、来ないと思うけどな……」と思っていました（笑）。

でもその1年後に、再びギリシャへ行くことになったんです。そのときにパルテノン神殿へ行ったら、「ほら、また来るって言ったでしょ？」とアテナにいわれました。そして、「また、いらっしゃい」とまで。「さすがにもう来ないと思う！」と思ったのですが、結局3度めは仕事で訪れることになりました。特に、パルテノン神殿を活性化させるために呼ばれたようです。

このときは参加者の方たちをお連れしたのですが、参加される方たちには、それぞれギリシャでの過去世を統合するという目的がありました。

さらに、これはギリシャだけに限りませんが、その土地独特のエネルギーを自分自身に取り入れることで、特定の意識の場を活性化させることができます。たとえば、「デルフォイの神託」で知られるオラクルの地に行くと、自分の預言の能力を高めることができます。その土地土地の特性を使って、意識を変化させるワークを参加者の方々と行うのです。

このような、聖地のエネルギーとコラボレーションをすることは、人間だけでなく、土地のエネルギーの活性化にもつながります。

●ギリシャでの並木さんの過去世

人柱に立った巫女

ギリシャでの過去世では、女神アテナや女神アルテミスに仕える巫女として生きていました。女神からのメッセージを降ろして、ご神託を人々に伝えていたんです。デルフォイの神殿でも、巫女として仕えていましたね。

巫女、その当時は女神官だったわけですが、自ら志願して最期は人柱に立つという、強烈な体験もしました。鮮明に覚えているのは、微笑みながら死んでいったこと。すべてを受け入れ、統合したうえでの選択だったので、トラウマ的な記憶ではありません。

●ギリシャのエネルギー

“激しく”アトランティス

ギリシャは、激しくアトランティスです。もう、激しく（笑）。

ギリシャは古代文明が築かれた土地ですが、その文明を創ったのは、アトランティスから逃げ延びてきた神官たちです。ですから、アトランティスのエネルギーがいまなお色濃く残っています。

特にアトランティスのエネルギーが色濃いのは、サントリーニ島。サントリーニ島の下に、アトランティス大陸が沈んでいます。実際僕も、サントリーニ島を訪れたときに、アトランティスのマスターたちとコンタクトできました。

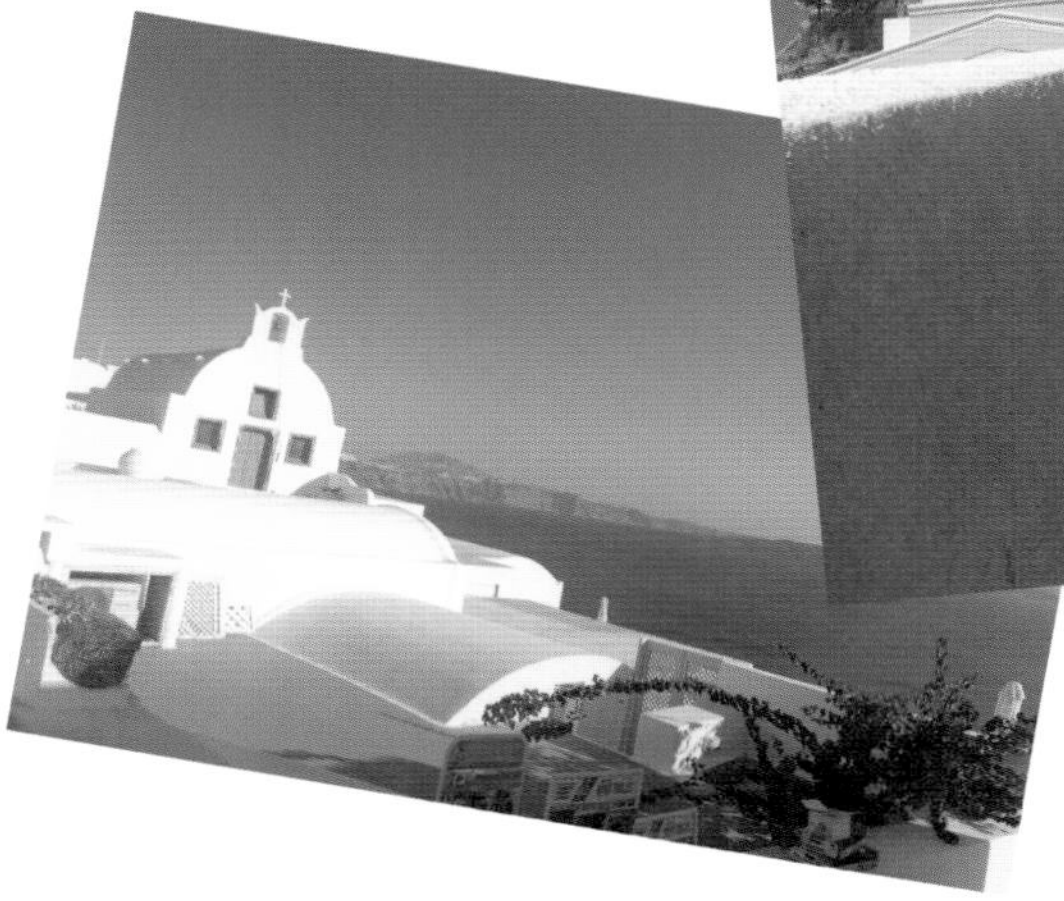

●ギリシャを司っているマスターや存在たち

【神話に登場する女神や神々】

ギリシャといえば、ギリシャ神話に出てくる女神たちや神々がたくさん思い浮かぶのではないでしょうか。アテナ、アルテミス、アフロディーテ、ゼウス、ヘルメスなど……。

このような女神や神とされる存在たちは、もとはアトランティスから逃げ延びてきた神官たち。その後、ギリシャの地に文明を築きました。

彼らのDNAは、一般の人間ではまだ活性化していないDNAが活性化していたので、人間から見たら「神」のようだったわけです。その結果、神々として祀られました。

そのような女神や神々が、いまもギリシャの地を司っています。

from 編集部

Lemuria

レムリア

愛と調和をベースにした5次元世界

レムリア時代

紀元前約450万年前、この地球には、現在の太平洋を中心とした巨大な大陸がありました。それが、「レムリア」です。

いまから2万5000年前、レムリア文明とアトランティス文明が、方向性の違いにより対立。レムリアが“眠り”のサイクルに入ったのもこの頃です。アトランティス文明が全盛期を迎え、レムリアとアトランティスの対立が戦争にまで発展した結果、約1万3000年前に、レムリア大陸は太平洋に沈みます。

レムリアの特徴

当時のレムリアは5次元の文明で、レムリア人（レムリアン）は光の体を保っていました。レムリアは、愛と調和がベースとなっていたため、高次の宇宙存在や神・女神たち、また自然界ともごくごく当たり前のごとく、光のコミュニケーションをとることができていたのです。

しかし、もっと地上で生きる人間としての人生を楽しむため、“眠り”を選択したレムリアンも多くいました。その結果、5次元から徐々に波動が下がり、後期は4次元、最終的には3次元へと下降したのです。

レムリア大陸が沈没するとき、レムリアの神官たちは、沈没の1万年以上前から、大陸が滅びる流れにあるという神託を受け取っていました。当時のレムリアンの平均寿命は、2～3万歳。ですから、ほとんどのレムリア人が滅亡を経験することになったのです。

大陸が沈むと知った大神官アダマは、レムリア文明が築いた叡智と文化を保存するため、シャスタ山の下に地下都市を建設させてほしいと、地球内部組織アガルタ・ネットワークに地下都市建設の申請を願い出ます。そこで建設されたのが、「テロス」です。

レムリア最期の時代、神官だった並木さんは、生き残ったレムリア人たちを連れてテロスへ入った一人です。このときのテロスへの移住者は、約2万5000人。いまもテロスには、レムリア時代から生き続けているレムリアンがいるそうです。

レムリアが残る地

レムリア大陸は、アメリカ・カリフォルニア州、カナダ・ブリティッシュコロンビア島なども含む、太平洋を中心としたエリアでした。そこには、ハワイをはじめとするポリネシア諸島、そして日本も含まれます。

「日本人はレムリアンの生まれ変わりが多い」と、並木さんもおっしゃっているように、かつてレムリアで生きた魂からすると、日本はある意味、故郷のひとつなのでしょう。

今回、「聖地への旅」で並木さんがご紹介してくださった地の中では、ハワイ、シャスタ山はレムリアの色濃いエネルギーが残っています。そのような地を訪れることで、レムリア時代の高い性質が呼び覚まされ、「自分は本来、神聖なる存在である」ことを思い出すきっかけになるのです。

並木さんが語る「テロス」エピソード

テロスへ移住するには、レムリアンたちは急速にアセンションする必要がありました。避難した彼らは、全員アセンションを遂げ、いまも地底で暮らしています。なかには、何十万年と生きている意識もいますね。

テロスには、現在も僕の分身がいます。“僕”ですから、すぐにつながることができます。分身は、肉体を持ってはいますが、3次元の肉体とは密度が違う、いわゆるライトボディです。

現在、地底人は地上の人々の波動をモニタリングしています。彼らと地上人類のオープンコンタクトは、地球外生命体の情報開示の後、いまから17年ほど先になる予定です。

レムリアにご縁の深い人におすすめの聖地と巡る順番

並木さんが訪れた世界の聖地の中から、レムリアンとしての性質が強い人におすすめの巡礼はこちら。

ハワイ→シャスタ山→イスラエル→インド→ギリシャ→エジプト→セドナ

Atlantis
アトランティス

直感とテクノロジーを融合させたシティ

アトランティスの特徴

アトランティス文明初期は、「黄金期」と呼ぶにふさわしい高波動を維持していました。

直感力や優れた右脳的な感覚を保ちながらも、超高度なテクノロジーなど左脳的感覚も非常に発達していました。聡明でスタイリッシュなアトランティス人たちが築いたその都市はクリスタルで作られていたため、とても美しいクリスタルシティだったようです。

アトランティス黄金期に、3回ほどアトランティス人として転生しているという並木さんは、女神官として生きていた過去世をお持ちです。レムリア時代に神官として生きていた経験が、アトランティス時代でも活かされていたのでしょう。

高度な文明を築いていたアトランティスも、人造マカバの大失敗が引き金となり、滅びることになります。そして、そのとき逃げ延びた女神官や神官たちが、ギリシャやエジプトへと渡り、古代文明を築いたのです。

当時のアトランティス人のDNAは、一般の人間からするととても活性化していました。ですから、アトランティスから逃げてきた神官たちは、人間からすると「神」のように思えたのでしょう。神官たちは神話に登場するような「神々」「女神たち」とされた存在であり、古代文明において祀られることになったのです。

アトランティス時代

約2万5000年前、レムリア文明が5次元から徐々に波動が下降していった頃、地球上の別の文明が全盛期を迎えていました。その文明が、「アトランティス」です。

紀元前123万年前には存在していたとされるアトランティス文明ですが、初期の時代は高い波動を保っていました。数々の種族が宇宙から入植し、素晴らしい高度文明を築いていましたが、レムリア同様、意識の波動は下降。支配やエゴなどの意識が広まるとともに波動はさらに下がり、レムリアに続いて、アトランティス文明も終焉となり、大陸ごと沈むこととなったのです。

アトランティスが残る地

アトランティスは、現在の大西洋エリアに沈没しましたが、いまもサントリーニ島（ギリシャ）の下に沈んでいるといわれています。

ギリシャ文明やエジプト文明は、アトランティスから逃げ延びた神官たちが築いたわけですから、いまなおギリシャやエジプトにはアトランティスのエネルギーが色濃く残されています。

また、アメリカ大陸やヨーロッパ大陸も、アトランティスのエネルギーを感じる地です。

アトランティスにご縁の深い人におすすめの聖地と巡る順番

並木さんが訪れた世界の聖地の中から、アトランティス人としての性質が強い人におすすめの巡礼はこちら。

ギリシャ→エジプト（or エジプト→ギリシャ）→イスラエル→インド→ハワイ→シャスタ→セドナ

MESSAGE from Master

マイトレーヤ
Maitreya

釈迦没後、現代にあたる56億7000年後にこの世に現れると預言されたマスター。
弥勒菩薩として知られる。

最近、腹の底から笑っているだろうか？

いまという混沌とした時代であればこそ、
その重たく淀んだエネルギーを、笑いで軽やかに発散するのだ。

あなた方が笑うとき、粗く重たいエネルギーが細やかに軽くなるのがわかるだろうか？

すると、あなた方の引き寄せるエネルギーは、高い波動を帯び始め、
いままでにない発想や、素晴らしいインスピレーション、あるいは情報やチャンス、
そして人間関係などが、人生という流れの中に入ってくるようになるのだ。

いつの時代も、世の中が大きく変わるときには、混乱を生じる。
それはカオス(混沌)、あるいはヴォイド(虚空)、
つまり「あらゆる可能性が渦巻く場」が活性化するからだ。

それなくして、新たなものは生まれない。
そして、この可能性の場に存在しているあなた方が、どのような意識で存在しているかにより、
「何が生み出されるか、という傾向が決まる」ことを覚えておくとよいだろう。

そして、もうひとつ……私は最初に「腹の底」と言ったが、
ここには、まさに「カオス・ヴォイドのエネルギー」が存在し、
ここからポジティブな意図を持って声を出すこと、とりわけ笑うことで、
この可能性の場からポジティブなエネルギーを引き出すことができるのだ。

だからこそ、世界で、またあなた方個人の人生で、
ネガティブだと感じる出来事があったとき、腹の底から笑うことで、
それらネガティブなエネルギーを一掃するほどのパワフルなエネルギーを生み出してほしい。

あなた方は、創造主の分光《ぶんこう》である。
ゆえに、その創造力も、しっかりと兼ね備えている。であれば、怖れることは何もない。
腹の底から笑うことで、自らの可能性を引き出し、生きることで、
結果は後からついて来るのだから。

さぁ、これからが本番である。
このフェスティバルとも呼べる、素晴らしい可能性に満ちた時代を、
大いに楽しもうではないか。

第8章

大和の国と日本人の魂

日本には、
ワンネスの大調和のエネルギーを
世界に発信し、
真の平和をもたらす役目があります

おしえて、
なみきん!

皇室の過去・現在・未来に見る分離から統合へのシステム転換

**眠り(闇)の時代から目醒め(光)の時代へと
激変を遂げる昨今ですが、
大きな宇宙サイクルから見たときに、
皇室はどのように機能してきたのでしょうか。
目醒めのリーダーであると同時に、
第一級のサイキックであるシリウスのメッセンジャー、
並木良和さんに、
皇室の過去・現在・未来と
そこから学ぶ、これからの在り方を伺いました。**

日本と日本人の役割とは?

日本は、すべてとつながり、すべてと調和したワンネスの大調和のエネルギーを世界に発信し、真の平和をもたらす役目があります。

日本人のルーツは縄文、レムリアですが、じつは、レムリアやアトランティス時代よりもはるか前、もっと高度に栄えた文明が日本に存在していたんですね。それからすると、地球における叡智の発祥は、日本から始まった、ともいえるんです。

宇宙人が地球に人類創造の実験をするために訪れた主だった場所が、日本だったんですね。そのときから当然、この惑星アセンションのことは計画の中に入っていました。日本は世界のひな型として、真実の情報やエネルギーの発信ポイントとして創られ、世界に先立ち、アセンションが始動する国なんです。

日本の地場——“意識場”といったほうが正確でしょう——は、高い魂たちを惹きつける磁力になっていて、現在の日本には、賢者の魂が38%も集まっています。それも、アセンションを先導するためです。

2020年2月号掲載

皇室のルーツは霊的太陽 天皇は古代から「象徴」だった!

編集長(以下、中田) 皇室や王室の人々は、霊的あるいは波動的な側面から見ても、一般の人とは違うのでしょうか。

並木さん(以下、敬称略) 優劣ではないことを前提にしていえば、彼らは、一般の人とは異なる波動を有しています。

中田 古史古伝の「竹内文書」には、天皇は「天《あめ》の日球国《ひだまのくに》」から飛来したと記されています。皇室のルーツは霊的太陽と解釈できますか。

並木 そうですね。皇室のルーツは、ひとつだけではないのですが、強いて挙げると「太陽」です。ですから、日本人も、太陽民族の割合が多いですね。特に縄文人は、太陽民族のDNAを持っています。

中田 世界の王室の魂のルーツはどうでしょう?

並木 なかには、太陽をルーツとする方もいらっしゃると思いますが、世界の王室のルーツはさまざまですね。だからこそ、闇も光も統合して、ひとつにつながっていくことで、闇や悪とされて

2020年7月号掲載

オオクニヌシは、アトランティスの特徴をもつ「地底人」だった！

中田　「古事記」には、国津神《くにつかみ》系のオオクニヌシが天津神《あまつかみ》系のアマテラスに国を譲った話がありますね。いわゆる政権交代ですが、このとき、いったい何が起こったのでしょう？

並木　国津神系が退いて、天津神系が入ることで、時代のシステムが大きく移り変わったんですね。オオクニヌシの統治は「分離」のシステムでしたが、「統合」のシステムのアマテラスへと統治者が変わり、統治の在り方や社会システム自体もガラリと変わったんです。

僕たちもまさにいま、同じように、分離から統合へと、切り替わりのときを迎えていますね。歴史をふり返ってみても、僕たちは「分離→統合→分離→統合…」というシステムをくり返しています。これは、宇宙のサイクルなんです。

中田　アマテラスは、統合のシステム、つまり地球にワンネスの在り方を敷こうとしたわけですよね。……もしかして、オオクニヌシはアトランティス系、アマテラスはレムリア系だったとか？

並木　そう言い換えることもできますね。つまり、レムリアからアトランティスへと、1万3000年のサイクルで文明が変わったのと同じです。

でも、分離だからといって、**アトランティスやオオクニヌシが悪いというわけではありません**。アトランティス時代にも黄金期がありましたし、そのときは肉体を持ちながらも源ともつながって、地上で生きることを成し遂げていたわけですから。

中田　太陽神で描かれるアマテラスは「太陽」がルーツであることは想像に難くありませんが、オオクニヌシのルーツはどちらだったのでしょう？

並木　地底です。

中田　ええ、地底ですか！

並木　当時から地底は、5次元以上の高度な文明が展開されていました。アトランティスも、当初は高い精神性を備え、ヒエラルキーではない純粋なリーダーが存在する統治だったんです。ですが、だんだん自我《エゴ》が肥大化し、波動が落ちて分離してしまった。その波動が民全体に伝染していくことで、文明全体の波動が落ちる経験をしたわけです。

どんどん波動が落ち、極限まできたところで、いったんリセットすることになったため、アトランティス文明は大陸ごと沈み、オオクニヌシはアマテラスに統治を譲った、ということですね。

中田　そうしてアマテラスに統治権が移ったことで、「統合」がベースの皇室が誕生したということですね。

並木　はい。そしてこれは、どちらの統治が正しい、ということではないのを忘れないでください。分離と統合をくり返すことは宇宙のリズムであり、僕たちは体験したくてしているわけですから。

きたものを解消することができるんです。

中田　皇室は、アカデミックな歴史だけを見ても、最古最長の王朝であるのは、やはり、調和を重んじる国だからでしょうか。

並木　日本のベースには「大和」、つまり大調和の精神があります。もちろん、戦争など世の中の流れの中で、「大和」を表せないこともありましたが、ひとつの王朝がずっと続くというのは、つながりや流れを大切にする、調和の精神性の影響が大きいということですね。

世界の国の中には、独裁的な王制もありましたが、日本の皇室は他国と違うんです。**戦後、天皇は「象徴」となりましたが、昔から、天皇の位置づけは「シンボル」であったのです。戦後、日本の民に潜在していたものが表面化した**結果でしょう。

中田　令和になり徳仁天皇を迎えたことは、宇宙の観点でもターニングポイントだった？

並木　そうですね。とはいえ、これも、僕たちの集合意識が創り出した流れなんです。僕たちが体験するものはすべて、集合意識が決めるので、国の施策で一方的に決まったわけではなく、僕たちの意識が反映されているわけですね。現在の天皇のポテンシャルは、素晴らしいものがあります。

神界のしくみも変わる！
神々やマスターたちも闇から光へと世代交代

中田　令和になって、アマテラスのエネルギーが変わったというご意見もありますが、並木さんの見解はいかがでしょう？

並木　世代交代が行われているということです。いまは、闇の時代から光の時代へと移り変わっています。同時に、神界のしくみも、この数年で変わっています。つまり、闇の時代を見守り、サポートしていた神々やマスターたちが、お役を解かれ、新しい位置づけへとシフトしているんです。

その中でアマテラスに目を向けると、闇の時代だったからこそ、アマテラスは必要でした。なぜなら、闇は暗いから、天を照らす存在が必要だったわけですね。だけど、こんどは明るい光の時代になるので、天を照らす必要がなくなります。それにより、アマテラスの位置づけも変わり、エネルギーの質も変わるというのは、自然なことなのです。

この世代交代で、アマテラスをはじめとする神々やマスターたちの、存在自体がなくなるわけではありません。この世的にいうと、会社での引き継ぎ作業というイメージ。闇の時代をサポートしてきた存在たちが、いままさに、光の時代の新しい神々やマスターに引き継ぎをしているんです。

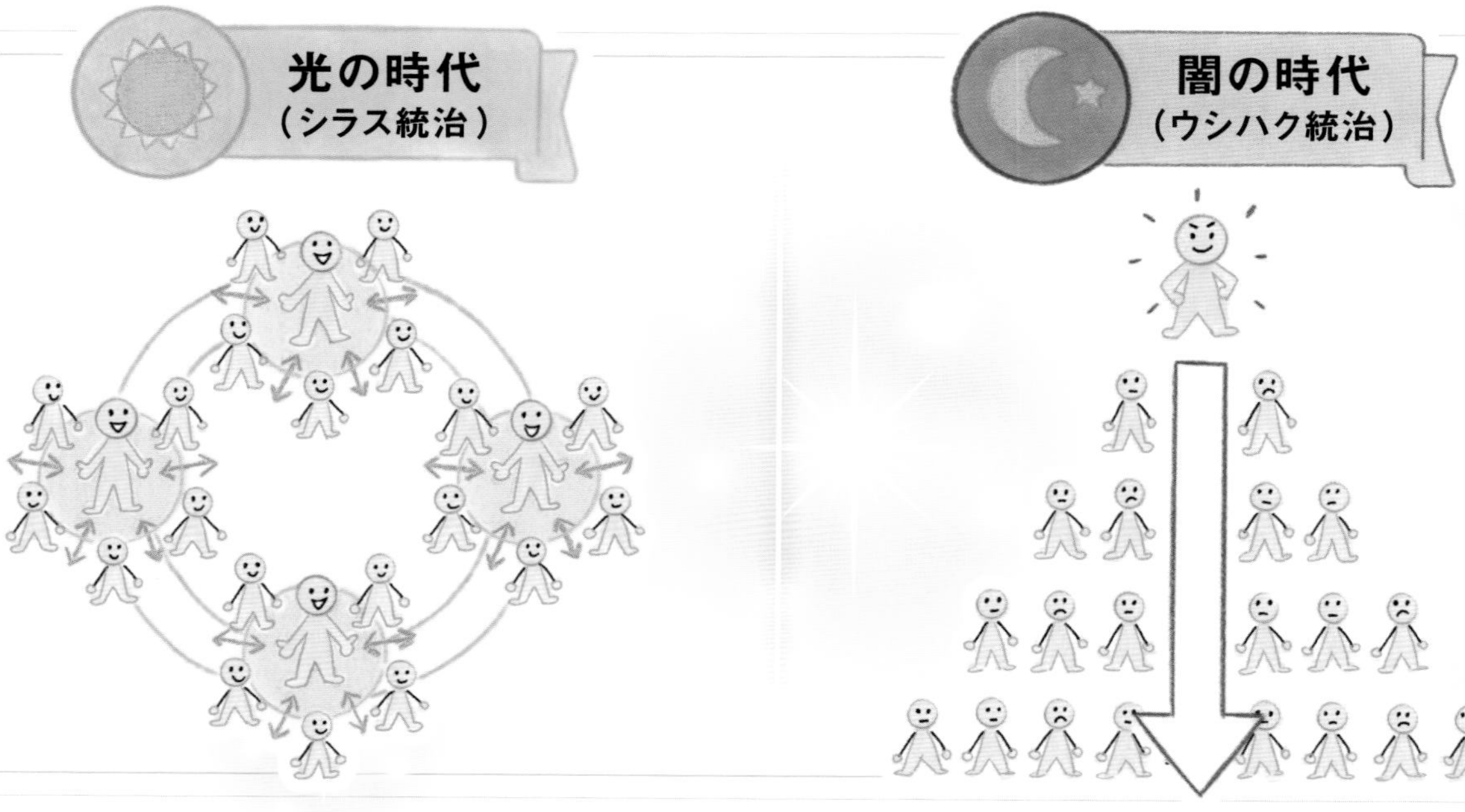

今後も皇室は存続し、王室は形を変える　天皇が地球代表になる可能性も

中田　皇室や王室は、この先どうなるのしょう？

並木　皇室は存続していきます。王室に関しては、いまのままの存続は難しいようです。体制そのものが、形を変えていくことになるでしょう。

中田　3月末に、英国のヘンリー王子とメーガン妃が王室離脱しました。それも、その一環なのでしょうか。

並木　そういえると思います。いままではあり得ないことだったわけですよね。それが、公になされたというのは、体制が変わるサインです。

これから光の時代に向けて、闇の時代のシステムは、すべて崩壊します。たとえば、いまの政治や宗教などが挙げられます。光の時代になったら、隠されていた闇の部分が明るみに出て、「あらあら！　こんなことになっていたの!?」なんていう発見があるでしょう。これまでは闇だったから、暗くてよく見えなかったんですね。

真実が表に顕れると、信じていたのに裏切られたように感じる人も出てきます。そこから目を醒ましていけるかどうか、

縄文やレムリア時代に、すでに皇室のルーツが存在した

中田　ワンネス文明であったレムリア時代には、いまの皇室や王室のようなシステムはあったのですか。

並木　そのルーツになるようなシステムはありました。ただ、いまの皇室とはとらえ方が異なりますね。天皇にあたる存在は「神官」とも呼ばれていましたが、主導権を持たないまとめ役で、いわゆるコミュニティのリーダーのような存在です。彼らは、天界と地上、神と人間の中継ぎ役をしていました。

中田　レムリアの流れを汲んでいる縄文時代はどうでしょう？　その頃にはもう、天皇は存在していたのでしょうか。

並木　「代表」と呼んだほうが近いですね。代表として民をまとめる役割。

中田　これからのアクエリアス時代は、まさに、皇室のシラス統治の在り方が全世界へと広がっていくわけですね。

並木　はい。これまでのシステムは、「俺についてこい！」というリーダーシップで、上に立つ人が仕切っていましたよね。でもこれからは、リーダーのような立場は存在しつつも、上に君臨する形はなくなります。縦構造のシステムは崩壊していくということです。

僕たちは、一人ひとりがちゃんと感じて、考えて、とらえて、表現し、意見を表明するようになる。その一人ひとりの意見が、ちゃんとまとめ役のリーダーにまで伝わるようになる。そして、リーダーは取り仕切るのではなく、最大公約数の意見を引き出すような役割になっていきます。ですから、リーダーが指示したり、命令したりはしない、評議会のような形になるでしょうね。

が大切ですよね。

中田　完全に光の時代へ移行したら、徳仁天皇が、地球を代表する評議会のリーダーになる可能性はありますか。

並木　はっきり「そうだ」と言うことは難しいですが、あり得るでしょう。いま、宇宙がものすごく加速していて、僕たちの集合意識も常に移り変わっているので、時代の流れを正確に読むのは非常に難しいんですけれども。

中田　流動的だからこそ、いろいろな可能性があるということですね。そこには、集合意識の一員である私たち一人ひとりの意図が、確実に影響を与えている。

並木　まさにそうです。いまこのタイミングで、いろいろなものが自分の人生から失われるような経験をするかもしれません。でもそれは、祝福です。なくなったものは、自分には必要ないものなんだ、とぜひ知ってください。つまり、光の時代に一致する新しい自分への準備をするために、必要のないものがどんどん人生から外れているということです。

人であっても、物であっても、失う体験をすると、悲しみや悔しさなどが出てくることもあるでしょう。そんなときは、周波数を手放すと同時に、「これからの私には必要のない物（人）なんだ」と、自分自身に言ってみてください。そうすると、光の時代にスムーズにシフトしていけるでしょう。

MESSAGE from Master

セント・ジャーメイン

St. Germain

地上では中世のサン・ジェルマン伯爵として生きた、錬金術師のマスター。
変容を促す第七光線（紫）を司る。

アクエリアスの時代は、「真の共同創造」が求められる時代です。

これから、あなた方が目にするのは、タテ社会の崩壊と、
そこから生じるヨコ社会の立ち上げですが、すでに、その兆候は見えていることでしょう。

ところで、あなた方は、人類がなぜ、これだけ大勢存在しているのかを、
考えたことがありますか？

現在、約76億人が存在していますが、それは、76億通りの物の見方、とらえ方、価値基準、
才能、資質があってよいからです。とても豊かなことではないですか？

シンプルに、あなたは、これだけの人たちと共同創造することもできるのだということです。

ただ、ここで大切なポイントがあります。
それは、だからこそ、誰かの真似をするのではなく、他と比較するのではなく、
「ありのままの自分を生きる」ことなのです。

そのとき、あなた方は真の自分の可能性のすべてを発揮することができるようになるからです。

また、そうした生き方は、宇宙のリズムと同調するため、
「タイミング」も見事に噛み合うようになりますから、
おたがいに必要とする者を引き付け合い、需要と供給が満たされ合うことになるわけです。
素晴らしいと思いませんか？

さぁ、もう隠れて生きるのはやめ、真の自分を解放し、
何を求めているのか、必要としているのかを、勇気を持って表明し、
おたがいに自身の可能性を引き出し合いましょう。

それこそが、真の共同創造につながり、そこから生み出されるものは、
いままでにない、目を見張るほどの素晴らしいものになるでしょう。
あなた方の未来に栄光あれ！

第9章

風の時代を生きるあなたへ

風の道を進むと決めたら、
とにかく無邪気に楽しみましょう！

これからは未来世がガイドになる！

肉体ごとアセンションする地球種族の使命がまっとうされる時代

地球を主役舞台にくり広げられる
宇宙中の大イベント、アセンションを成就させるため、
シリウスからやって来た並木良和さんが提唱しているのは、
「目を醒ませば醒ますほど、
複雑さがシンプルさへ、重たさが軽やかさへとシフトしていく」ということ。
これはまさに、風の時代の性質そのもの。
そう、並木さんはまさしく、
地球に風を起こす風の時代のメッセンジャーなのです。
そして風の時代初年度の来年2021年の冬至は、
並木さんが言われるところの「目醒めへのゲートが閉まるとき」。
そのことも踏まえ、風の時代をどのように生きていったらよいのか、
並木さんに教えていただきましょう。

風の時代を
謳歌するには…

- **スピードに乗る**
- **執着を手放して軽やかに**
- **いまこの瞬間にいる**
- **無邪気に遊ぶ**

〃プレ風の時代〃は終了！いよいよ正真正銘の新時代へ

　夏至や冬至というのは、天体の並びによって目醒めが加速される時期です。２０２０年の冬至は12月21日。その翌日、グレートコンジャクションによって風の時代へとシフトします。これはすなわち、アクエリアス（水瓶座）時代が本格始動する、ということでもあるんです。

　これまでは、２万６千年の周期でいうと、魚座から水瓶座への移行期で、両方のエネルギーが混在していました。いわば、アクエリアス時代の〃プレ〃期間。この期間があったからこそ、僕たちは意識・無意識にかかわらず、時代の流れを感じ、徐々に取り入れて準備できた。シフトをスムーズにするための宇宙の配慮といえるでしょう。

　そして、いよいよ12月22日からは、移行期が終了し、アクエリアス時代のスタート。つまり、目醒めの時代へ本格突入します。

　アクエリアス時代と風の時代は、イコールと考えてよいでしょう。なぜなら、これまでの魚座と地の時代が「男性性」の象徴だったのに対し、アクエリアスと風の時代は「女性性」の時代だからです。

　魚座から水瓶座へという銀河レベルの変化と、木星と土星による太陽系惑星レベルでの変化が同時に重なり、しかもその星の性質が同じであるというのは、本当に特別なことなのです。

　地球上ではこれまでも、目醒めと眠りのサイクルをくり返してきましたが、今回の目醒めは、僕たちが肉体を持ったまま目醒め、さらにその先に宇宙中のアセンションが待っているという、まさに稀有なる機会。それを体験したい人、その道を選んだ人にとって、魂の大飛躍のチャンスといえるでしょう。

　完全に風の時代へ切り替わるには、突入してから約３年間、２０２３年から24年くらいまで掛かるでしょう。その間、風の時代に属さないものはどんどん淘汰されることになるので、

風の時代に起こる変化とは？

風の時代に入ったからといって、瞬時に変わるわけではありませんが、
私たちの認識や価値基準が大きく変わることは確かです。
では、どのように変化していくのでしょうか。並木さんがお答えくださいます。

社会構造

シンボルティックにいうと、「三角」から「丸」へと変わります。

三角は、通称「支配構造」と呼ばれます。上に支配する者がいて、下に支配される者がいる。一方の丸の構造とは、どこに点を置いても、その点に意識を向けるとそこが中心になります。

これを政治やコミュニティ、経済、教育などの社会構造に当てはめると、一人もしくは少数だけがリーダーとして上にいた構造が解体され、みんなが主体性を持ったリーダーとなります。つまり、みんな平等。本当の意味で、横のつながりが大切な時代を迎えます。この横のつながりとは、人脈。風の時代では、「金脈」ではなく「人脈」が鍵となります。

平等になるので、経済格差もなくなっていきます。皆が本当の意味で豊かになり、調和がとれてくる。三角が「分離」だとしたら、丸は「調和」です。そういう方向へ、徐々に社会全体が流れていくでしょう。

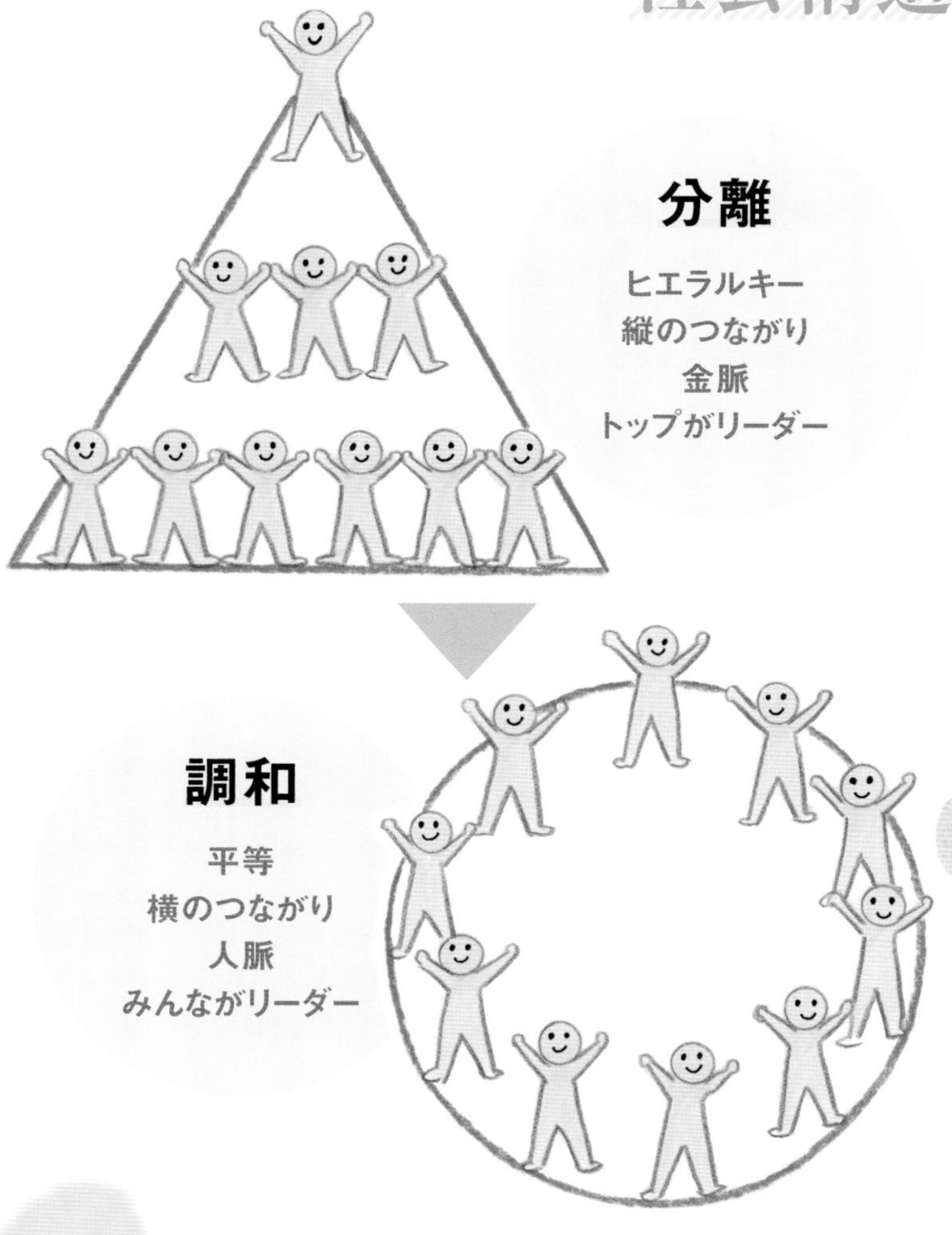

大きな変動を体験することになります。

なかでも、来年２０２１年は、その最初の年なので、特に激変年となります。「目醒めのゲート」が閉じる年でもありますし、新時代に突入した年でもある。その両方の流れが重なるので、最もゆれます。世界的にも大動乱が起こるでしょう。

でも、何も不安になったり、怖れることはありません。すべては新しい時代へ移行したために起きていること。僕たちは、その先に必ず訪れる、愛と調和に満ちた世界にフォーカスしていればいいのです。

執着を手放して、風のスピードに乗ることが鍵

自然界の風を感じるとわかるように、風は止まっていませんよね。常にスピーディに吹き抜けていく。この風の**〝スピード〟が、新時代のポイント**となります。

これまでの地の時代の特性として、枠にとどまる、そして築き上げることが重要でした。「せっかく作ったのだから」「やっと形になったのだから」と、つかんで離さないでいると、風が吹き抜けているのに風に乗れず、とっとと流れが過ぎてしまいます。そして、時代に取り残されてしまうと、そこで停滞し、腐ってしまうんですね。

意識

風の時代は「個の時代」になりますが、これまでの「私」のみの「個」ではなく、**全体を含んだ「個」**になります。つまり、全体の中での「私」の位置付けが、より明確に理解できる意識へと進化していくのです。

これまではつながりを無視した「個」だったため、結果として“自分勝手・ワガママ”といわれていました。だけどこれからは、全体を網羅した「個」になるので、非常に調和がとれてきます。ですから、「私は」「僕が」と言っていたのが、「**私たちは**」「**僕たちが**」という意識になるでしょう。

集合意識としての意識がさらに進化すると、コミュニティを超えて地球全体を含んだ、総体としての「**地球人意識**」に拡大できます。

その意識になると、地底の存在ともユニットし、本当のワンネス意識へ。「**地球人類全体が自分の総体である**」という意識になって初めて、宇宙存在とのオープンコンタクトが可能になります。

このワンネス意識は、マスターの世界と同じです。結局僕たちは、物理次元をマスターするために地球へやって来た“マスター”なのです。「一人残らずここへ入って来ている者は、かつてマスターだった」と、トートが言っています。ですから僕たちは、**自分がマスターだったことを思い出す旅**をしているのです。

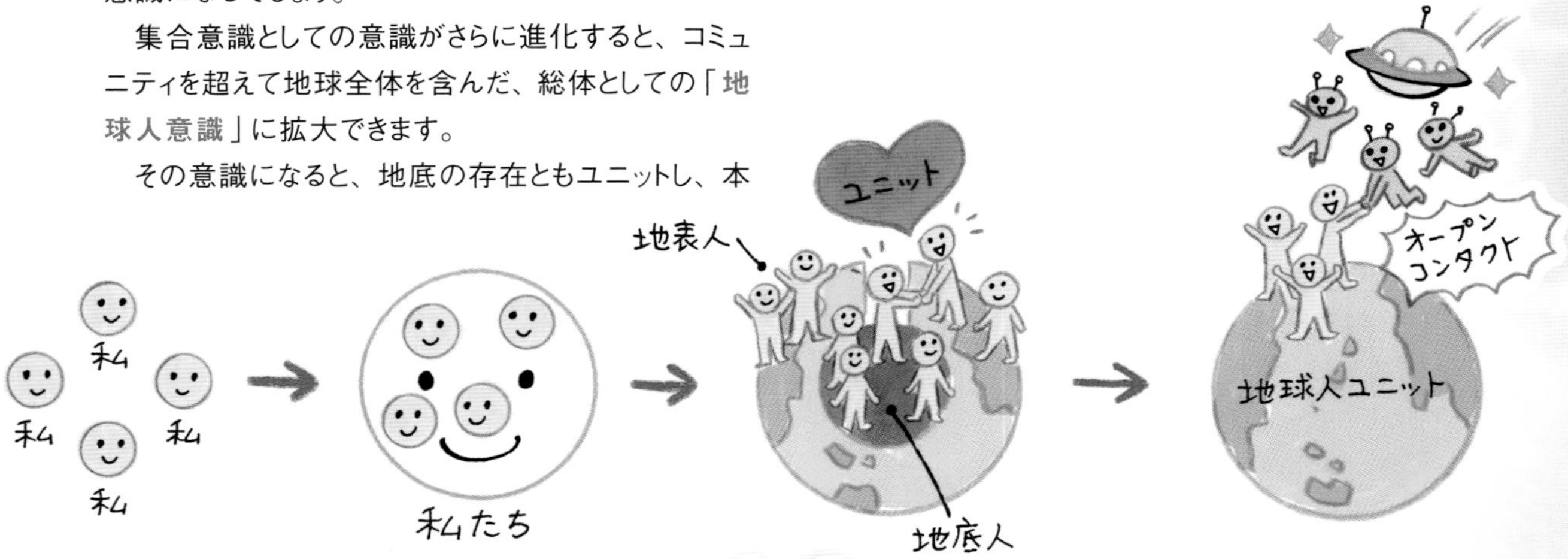

霊的能力

非常に多くの人々が、**直観力やサイキック能力**を発達させていくことになります。それらの感覚や感性は、僕たちの本質ですから、トレーニングによってはもとより、**自然に発達**していくことになるでしょう。

もし統合をしていなくても、感覚や感性は戻ってきます。ただ、統合していると、感覚にのみ込まれたりふり回されずに、上手にそれを使っていくことができます。

これからAIもますます発展しますが、人がAIに頼ってしまうと、僕たちの進化が価値を失っていくことになります。そうなると、AIに支配されるような流れを作りかねません。高い意識からAIを使い、上手に共存していくと、自分と向き合う時間が生まれ、感性を取り戻します。さらに、働く時間も減り、余暇を楽しむ余裕が出てくるでしょう。それこそ、風の時代の在り方。自然に触れたり、遊ぶ余暇が増えることで、さらに感性が甦ります。

風の時代になると、どんどん風が吹いてきます。なので、昨日の常識が、今日の非常識になったりする。昨日は良いとされていたことが、今日には変わっている。

そんな時代なので、「いま動くとき！」「風が吹き抜けてきた」と感じたら、いくら地の時代に築いてきた作品が良くても、思いきってパンッ！と手放していけることが重要です。

つまりは、**いかに執着を手放せるか。この軽やかさを持つ人**が、成功とあえて表現するなら、風の時代で大きな成功を遂げるでしょう。

執着心のなさが必要になるということは、いままでの地の時代以上に、**〝いまこの瞬間〟にいることが大切**になる、ということでもあります。〝いまこの瞬間〟にいることで、風の流れにどんどんスイスイと乗っていくことができるからです。

この執着心のなさは、僕たちが肉体を脱ぎ、地球を去るときの訓練にもなります。未練を残さないこと。それゆえに、すみやかに光へと拡大できるのです。

風の時代の性質を持っている人は、地の時代では浮いていたことでしょう。この僕もそうで、ものすごく浮いていました（笑）。地の時代で自分らしくいると目立ってしまっていたけれど、風の時代では、自由さや軽やかさが普通になるので、スッキ

風の時代に 大切な部位は「胸腺」

いま僕たちの肉体で重要な部位は、「胸腺」のセンターです。「ハイハートチャクラ」とも呼ばれます。もちろん「ハートチャクラ」も重要です。そこが開いていないと、高次存在とつながることはできませんから。これから僕たち人類は、かつてのレムリア時代の愛と調和のレベルを超えていきます。

それには、ハートチャクラだけでなく、より高いレベルのハイハートチャクラを活性化させていくことが大切なのです。活性させるには、「ターコイズブルー」を意識しましょう。その色のペンダントを身につけるのもいいですね。その色を胸腺を通して吸うことで、共鳴して活性化させることができます。

ケイ素化には肉体デトックスを

ケイ素を飲んだからといって、肉体のケイ素化が進むわけではありません。ケイ素化させるには、肉体のデトックスが必要です。できるだけ体を純化させること。それにより光を受け取ることができます。

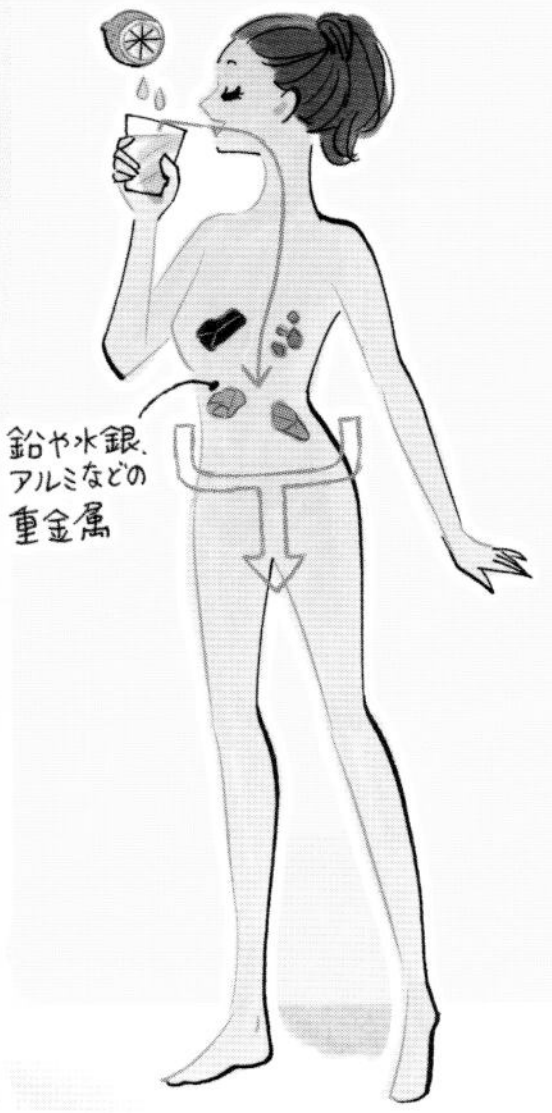

エネルギーヒーリングなど霊的デトックスも有効ですが、物質レベルでは、たとえばファスティング（断食）によるデトックスも効果的です。いまいちばん意識してほしいのは、重金属類のデトックス。重金属が体に溜まると、5Gの悪影響をもろに受けてしまいます。手軽にできる重金属デトックス方法は「ライム」。ライムを絞ったライム水がおすすめですよ。

肉体

炭素からケイ素化していきます。ケイ素化とは光の保有率が高いということ。この光とは、「グレートセントラルサン」から流れてくる源の光です。この光は太陽を経由します。変電所のように、僕たちの肉体が適量の光を受け取り、DNAや細胞を変えられるレベルにまで変換して、光を届けてくれます。この光をどれだけ自分に溜めることができるかが、アセンションの鍵。僕たちの肉体が進化することで、光を蓄えることが可能になります。

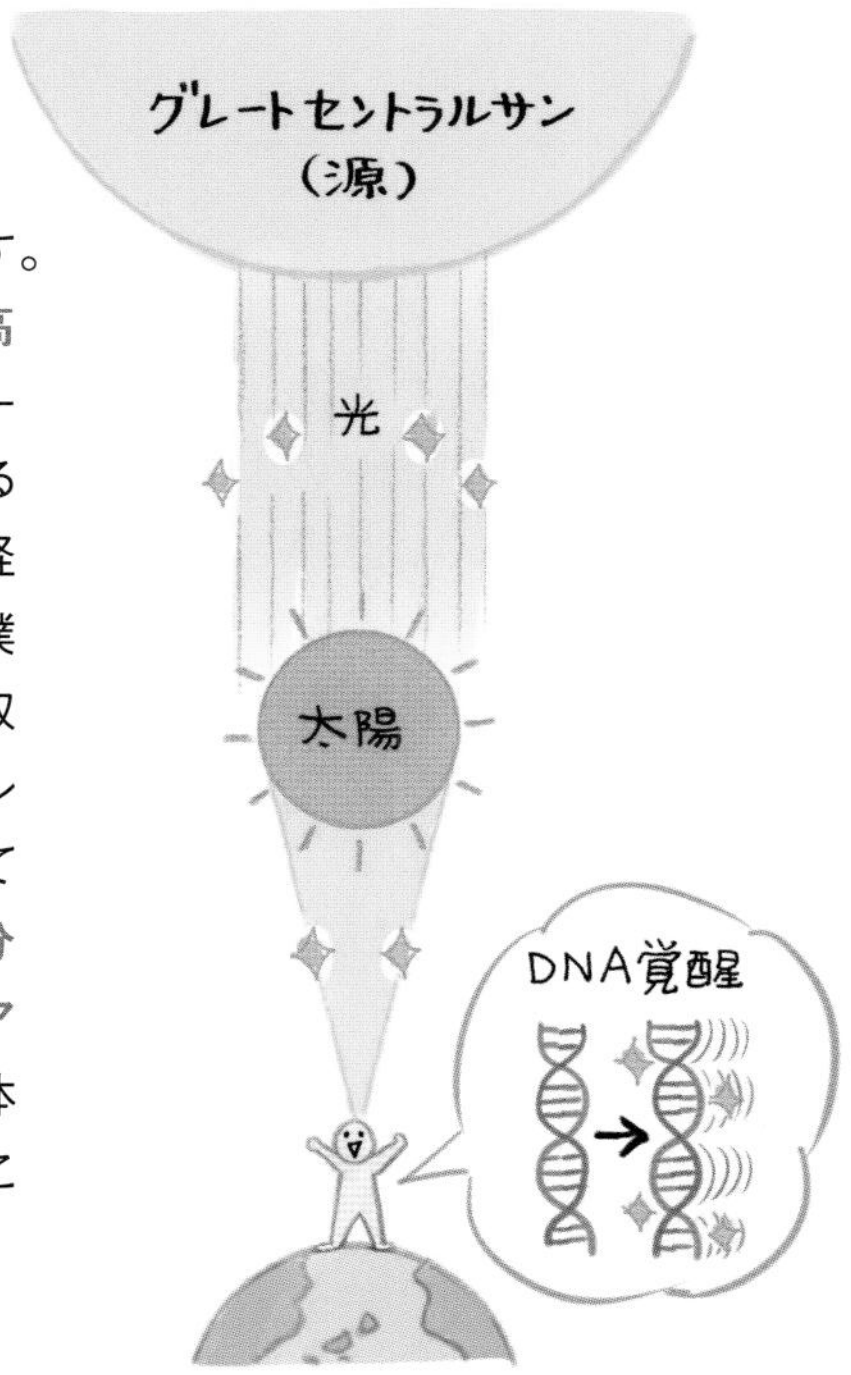

食べ物や食べ方

お肉類は動物の感情的な毒、恐怖や痛みなど重たい感情を含んでいるので、感情体を持つ僕たちにも食べることで影響します。お肉を食べなくなる人も増えてくるでしょう。食べてはダメではありませんが、お肉を食べるなら鶏肉がよいでしょう。

そして、食べる量も控えめになっていきます。これはあくまで例ですが、理想的な食事は、朝はフルーツのみ、昼はサラダのみ、夜は満腹にならない程度に好きなものを。

僕は昔、サラダならいいだろうと思って、生野菜をたくさん食べていました。あるとき、高次の視点から見たら僕の食事はどうか尋ねてみると、「日本人の腸では生野菜を分解するのに時間と労力が掛かり過ぎる」とマスターから言われたんです。「食べるなら昼までに。夜は蒸した野菜がよい」とも。これは僕だけでなく、日本人なら誰にでも当てはまります。

りした気分になり、とても楽しくなりますよ。

地の時代は罪悪感 風の時代は無邪気さ

前々からお伝えしていますが、2021年の冬至に「目醒めのゲート」が完全に閉じます。それまでは、地の道、つまり眠りを選択していた人も、風の道へ乗り換えることはまだ可能です。でも、冬至を過ぎてしまった後に、「やっぱり風の道にいきたい！目醒めを選び直したい！」となっても、絶対に無理ではないけれど、相当な逆流を昇っていくことになるので、事実上、難しいでしょう。

そもそも、ゲートが閉じた後、地の道を進んだ人は「目醒めたい」とも思わなくなります。関心も興味も湧かなくなるのです。

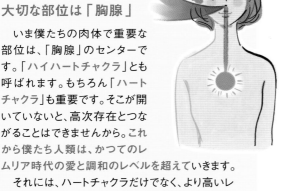

かつての地球のサイクルで、逆流の中で目醒めの道を進んだのが、釈迦やイエスです。激流を遡って進むというのは、簡単にできるようなことではありません。

そうして世界は二極化していくわけですが、その選んだ先で、さらに極化し、多極化していきます。たとえば、「100%風の時代を体験する」と決めた人は100%開かれた世界を体験するでしょう。もし「90%」と決めたら、90%開かれた世界を体験する。そのように、細か

コミュニケーション

人と人

時代の傾向として、ネットを介して、つまり**バーチャルリアリティ**の中でのコミュニケーションが主流になるでしょう。僕個人としては、本当にそれでよいのか、若干首をひねる部分もあるのですが、この流れは、霊的な意味でも自然なことです。

これからは、感触だけでなく味覚まで感じるほどに、バーチャル世界が進化していく流れにあります。リアルに体験できるので、現実とバーチャルの区別がつかなくなるかもしれません。そうなると、「現実とはスクリーンに映された幻である」という認識が深まるでしょう。

マスターもバーチャルトレーニングを積んでいた！

バーチャルリアリティのコミュニケーション法は、惑星文明が進化するうえで辿る道のひとつといえます。このシステムを使って、マスターになるためのトレーニングをしている惑星もあり、その代表が金星です。

僕もかつて、サナトクマラと一緒にトレーニングを受けました。たとえば、アセンションのために、ある地球人をサポートするトレーニングでは、その人の自由意志を阻害しないように、また成長を妨げないようにして、バーチャルにサポートします。途中、著しく人生に介入してしまうと、そこで途切れてしまうんです。

そのように、マスターたちもトレーニングを積んでいるのです。

く分化していくんですね。

風の時代に突入し、風の道を進むと決めたら、とにかく無邪気に楽しみましょう。**無邪気さと拮抗するのが罪悪感です**。**この罪悪感こそ、地の時代の特性でした**。私はこんなことをしていていいのだろうか、幸せを享受していいのだろうか、もっと〇〇すべきなのではないか……など、何かにつけて自己批判をしてきた。その根底にあるのが、罪悪感だったわけです。

子どもには、罪悪感はありません。大人になるにつれ刷り込まれてしまった**罪悪感を手放し、子どものように純粋無垢な気持ちで物事に取り組んだり、無邪気に遊ぶことのできる人が、風の時代を謳歌できる人と**いえるでしょう。

マスターたちも遊んでいますよ。たとえば、サナトクマラは〝音〟で遊んでいます。自然を楽しんでいるのがセントジャーメイン。ほかのマスターたちも、花々を愛でたり、香りに触れることを無上の喜びとしているのだそうです。彼らに倣って、自然に触れたり、好きなことをして遊ぶことで、風の時代の感性を甦らせることができるでしょう。

僕たちはいま、ジュニアマスターになるための訓練中。といっても、そもそも僕たちは皆、かつてマスターだった時代があり、マスターがディセンド（次元降下）したのが僕

ガイド

風の時代で最も変化するのが、ご先祖との関係です。これまでは先祖が子孫を守るシステムが存在していましたが、消滅します。

ご先祖が守り導くシステムでは、家系のカルマを引き継いでいました。これから僕たちは、家系のカルマを抜けていき、本当の意味での自由を謳歌する時代に入っていきます。

これまでは先祖も、子孫から助けを求められると放っておけず、“ワサワサ”した感覚を抱いていたのです。このワサワサは共鳴して子孫にまで浸透していました。でもこれからは、先祖の助けなしに、各々が才能や能力を発揮していきます。ですから、このシステム自体が古いシステムになるのです。

とはいえ、ご先祖さまが大切なことには変わりませんから、「ご先祖さま助けて!」ではなく、「一緒に光の道に進んでいきましょう」と、感謝の意を向ければ、共鳴しておたがいに良い影響を与えあえるでしょう。

そしてこれからは、「フューチャーセルフ」、つまり自分の未来世がガイドになっていきます。**フューチャーセルフは、地球を卒業して転生した先の存在**。自分の分身のようなものですね。一方、自分の本質、高次自己であるハイアーセルフは、すべての存在とのアクセスを可能にする「電話交換手」のような役割。フューチャーセルフとも、ハイアーセルフを通してつながることができます。いまの時間軸から見ると、各々のフューチャーセルフが風の時代の主な導き手となるでしょう。

人と動物・自然界

テレパシーによるコミュニケーションが強くなります。言葉として捉えられなくても、動物が思っていることがリアルにわかるようになるでしょう。

植物や鉱物も、独自の意思をもっているのでコミュニケーションが可能になります。

人と高次存在

チャネリング能力も開花していきますが、バーチャルの分野が発達していくので、実際に機器やシステムを通して、高次存在とコミュニケーションすることが可能になるかもしれません。それはラジオのチューナーを合わせるようなイメージ。早ければ2028年頃に可能になるでしょう。

たち地球人です。この物質次元での最終的な学びが「肉体を持ったままのアセンション」。これほど難しいテーマはなく、そんなことにチャレンジしようとしている地球人たちを、宇宙人たちは驚きと称賛をもって見守っているのです。

でも、それを成し遂げられるだけのポテンシャルが、僕たちにはあります。なぜなら、**人類創造の段階で、約22種類の選りすぐった宇宙人のDNAが見事に組み込まれているから**。そんな存在は、宇宙を探してもほかにいません。

風の時代のエネルギーが到来することで、そんな地球人本来の能力が覚醒していき、肉体アセンションを遂げる種族としての使命をまっとうできるようになることでしょう。

ビオ・マガジンの心

ビオ・マガジンの社名に冠した「ビオ」とはフランス語で、有機的な過程の中で育つ農作物やその加工品などを形容する言葉。さらに語源を遡れば、ラテン語としての「ビオ」は、『生命、いのちを育む力のあるもの』という意で使用されます。私たちも、生命あるものにあまねく大いなる光を届け、完全なる調和への道しるべとなることを願って、創作活動を続けてまいります。

光の現実を生み出す意識の目醒め

anemone

別冊アネモネ

一冊まるごと並木良和

「内なる神」に目醒めて生きる方法

2021年6月15日　第一版　第一刷

●発行人 Publisher
西 宏祐 Nishi Kosuke
●編集長 Editor in Chief
中田真理亜 Nakada Maria
●編集 Edit
澤田美希（anela naia）　Sawada Miki
●デザイン Design
堀江侑司　Horie Yuji
大内かなえ　Ouchi Kanae
●印刷DTP
株式会社シナノ
●発行
株式会社ビオ・マガジン
〒141-0031 東京都品川区西五反田8-11-21 五反田TRビル1F
TEL:03-5436-9208　FAX:03-5436-9209　https://www.anemone-web.jp　http://biomagazine.co.jp

企画◎中田真理亜
本文◎中田真理亜（P4-5、8-10、16-21、27-30、36-38、66）
澤田美希（P11、22-26、39、40-43、46-50、58-59、60-61、62-63、67-68、69-72、73、76-77、78-82、86-89、90-107、110-113、116-121）
染矢真帆（P31-35、51-53）
イラスト◎ツグヲ・ホン多
撮影◎鈴木禮子（P76）
写真提供◎Divine Lotus 嶋村えり子（P92-93、96-97、100-101、104-105<P105左上・左下を除く>）

ISBN978-4-86588-094-6　C0011